처음 만나는 코일링

돌돌 말아 완성하는
일상 소품

27가지

처음 만나는

코일링

클래스101 공예 분야 인기 강의
#원하라 지음

로지

안녕하세요. 여러 가지 방식의 섬유 작업을 하고 있는 하라두(HARADO) 공방의 원하라입니다.

저는 위빙, 니들펀치, 코일링 등 실을 이용해 소품을 만드는 작업을 하고 있어요. 그 중에서도 속 재료에 실을 돌돌 감아 엮으며 소품을 완성하는 '코일링'이라는 공예 기법을 소개하려고 합니다. 코일링이라는 기법은 '코일(coil)'이라는 이름 그대로 무언가를 감아 완성하는 작업을 뜻합니다. 코일링은 보통 도자기를 만들 때 자주 사용되는 용어인데 《처음 만나는 코일링》에서는 섬유를 재료로 사용하여 만든 섬유 코일링을 소개했어요.

조금은 생소하게 느껴질 수 있는 섬유 코일링은 기초 과정을 숙지하면 누구나 쉽게 따라할 수 있으며, 멋진 생활 소품을 만들 수 있습니다. 기본 코일링부터 심화 코일링 그리고 심화 응용 코일링까지. 단계별로 천천히 익히며 다양한 작품을 완성해보세요. 코일링이 여러분의 좋은 취미 생활로 자리 잡을 수 있을 거라 생각합니다.

작업이 손에 익으면 책에 있는 내용 말고도 다양한 응용품을 만들 수 있을 거예요. 완벽하지 않아도 괜찮아요. 새로운 기법을 배워나가며 오롯이 나만을 위한 시간을 통해 여유와 보람을 느꼈다면 그걸로 충분합니다.

편안한 마음으로 코일링을 즐겨주세요.

contents

prologue		04
재료 소개		08

chapter 0 · **실로 만든 데코 오브제**

★ 태슬　32
★ 폼폼이　37

chapter 1 · **기본 코일링**

01　티 매트　42
02　화분 커버　56
03　한 겹 손잡이 소쿠리　63
04　두 겹 손잡이 소쿠리　72
05　색 넣어 만든 볼　80
06　양모 코스터　86
07　양모 볼　92
08　재활용 원단 코스터　96

chapter 2 　**심화 코일링**

09	심화 코일링 코스터	104
10	스트라이프 무늬 코스터	120
11	꽃 모양 코스터	126
12	코일링 월행잉	134
13	단색 가렌더	144
14	엮어 만든 코일링 월행잉	150
15	손잡이 컵홀더	162
16	소품함	170
17	소품함 뚜껑	174
18	유에프오 볼	182
19	한 겹 손잡이 바구니	186
20	꽃 모양 손잡이 바구니	190
21	두 겹 손잡이 바구니	194

chapter 3 　**심화 코일링 응용**

22	나뭇잎 오브제	202
23	꽃 오브제	209
24	구 오브제	219
25	호리병	230
26	오브제 모빌	238
27	오브제 리스	247

재료 소개

1___ 가위

끝이 뾰족하고 크기가 작은 퀼트 가위를 사용했어요. 퀼트 가위는 세심한 작업을 하기에 좋아요.

2___ 돗바늘

7cm 길이의 짧은 돗바늘을 기본으로 사용합니다. 플라스틱 돗바늘도 사용 가능하지만 작업 시 부러지는 경우가 있어 쇠로된 돗바늘을 사용했어요.

3___ 양모

두께감 있는 오리지널 망고를 사용했습니다. 양모는 힘이 없는 소재이기 때문에 큰 소품을 만들기에는 적합하지 않지만 작은 소품은 양모의 귀엽고 포근한 느낌을 살려 완성할 수 있어요.

4___ 로프

보통 660합의 로프를 사용하지만 좀 더 촘촘한 작업을 원할 경우 480합, 300합까지 사용 가능합니다. 그 아래 합수로 작업을 했을 시에는 작품에 힘이 없어 흐물거릴 수 있으니 피하는 게 좋아요.

5___ 지끈

지끈은 보통 2mm, 4mm 두 가지가 있습니다. 섬유 코일링 작업에서는 보통 4mm의 지끈을 사용합니다.

6___ 실

코일링에서 가장 많이 사용하는 실은 램스울입니다. 램스울은 어린 양의 털과 기타 원료를 혼합하여 만든 실입니다. 다양한 색감으로 출시되고 있으며 여러 가닥이 합사된 형태로 여러 번 겹쳐 사용하기에도 자연스러워 코일링 작업을 하기에 적당한 실입니다. 램스울이 아니더라도 너무 굵지 않은 실이라면 어떤 실을 사용해도 좋아요.

티 매트 / 재활용 원단 코스터
How to make 42p / 96p

coiling lesson

화분 커버

로프를 쌓아 올려 완성한 화분 커버예요.
좋아하는 색의 실을 기본으로 사용하여 전체를 두르고,
끝부분에는 검정색 실로 포인트를 줬어요.

—

How to make 56p

한 겹 손잡이 소쿠리 / 색 넣어 만드는 볼

How to make 63p / 80p

두 겹 손잡이 소쿠리 / 양모 볼 / 양모 코스터

가벼운 소품을 담기 좋은 소쿠리예요.
로프를 이용해 손잡이를 두 겹으로 겹쳐 만들었어요.
태슬로 장식을 더해 귀엽게 완성되었어요.

—

How to make 72p(←) / 92p(→) / 86p(→)

코일링 월행잉 / 심화 코일링 코스터 /
꽃 모양 코스터 / 스트라이프 무늬 코스터
How to make 134p / 104p / 126p / 120p

단색 가랜더 / 듀에프오 볼 / 손잡이 컵홀더

How to make 144p / 182p / 162p

소품함 / 소품함 뚜껑 / 꽃 모양 손잡이 바구니
How to make 170p / 174p / 190p

한 겹 손잡이 바구니 / 두 겹 손잡이 바구니 /
엮어 만든 코일링 월행잉

어디에 두어도 오브제로 연출할 수 있는 바구니와 월행잉이에요. 다양한 색의 실과 나뭇가지를 이용해 연출해봤어요. 심화 코일링에 사용되는 지끈을 이용하면 좀 더 다양한 오브제를 만들 수 있답니다.

—

How to make 186p(←) / 194p(→) / 150p(↗)

호리병 / 오브제 모빌
How to make 230p / 238p

오브제 리스

나뭇잎 오브제와 구 오브제를 활용하여
리스를 만들어봤어요.
좀 더 화사한 색을 이용하면 계절에 상관없이
다양한 연출이 가능하답니다.

―

How to make 247p

chapter 0

처음 만나는 코일링

실로 만든 데코 오브제

---

coiling lesson

태슬

〔재료〕
램스울 실, 가위

01___ 실을 20cm 길이로 끊어 준비해 주세요.

02___ 같은 길이로 실을 한 줄 더 준비해주세요.

03___ 손가락 3개에 실을 30회 정도 감고 끊어주세요.

04___ 과정 1에서 준비한 실 하나를 과정 3의 실 사이로 통과시켜주세요.

05___ 통과시킨 실을 2회 매듭지어 꽉 묶어주세요.

06___ 묶은 실 두 가닥은 위를 향하게 나머지 실은 아래를 향하게 손으로 정리해주세요.

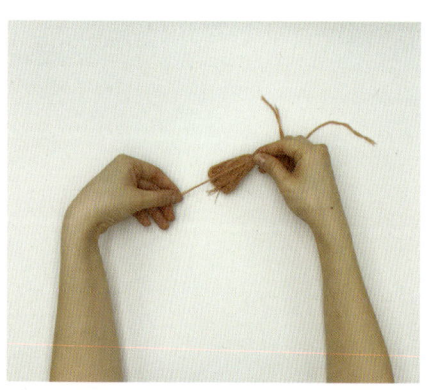

07___ 과정 2의 남은 실을 과정 6의 아래로 향한 실과 겹쳐 잡아주세요.

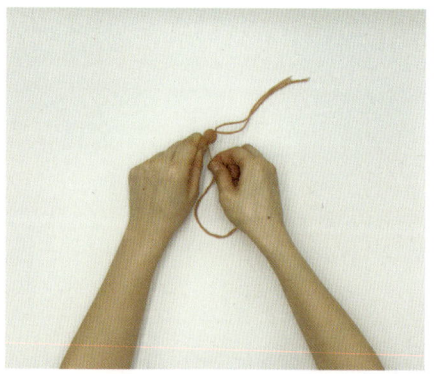

08___ 윗부분에 살짝 여유를 주고 실을 3회 감아주세요.

09____ 감고 남은 실을 2회 매듭지어

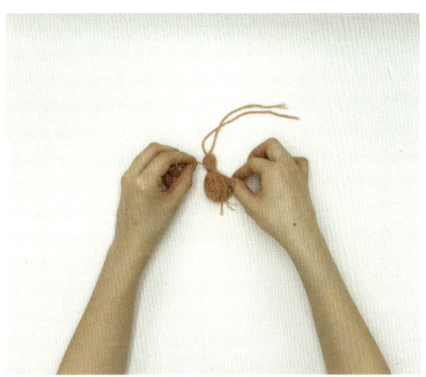

10____ 묶어주세요.

11____ 가위 끝을 이용해 감은 실 안쪽으로 매듭을 밀어 넣어주세요.

12____ 아래로 향한 실의 고리들을 가위로 잘라주세요.

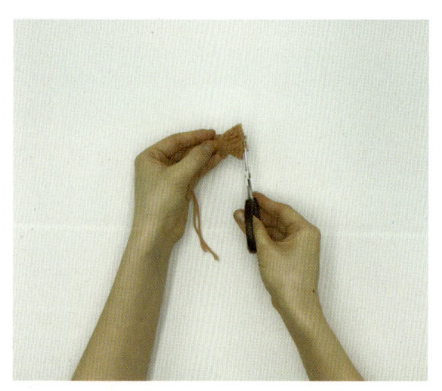 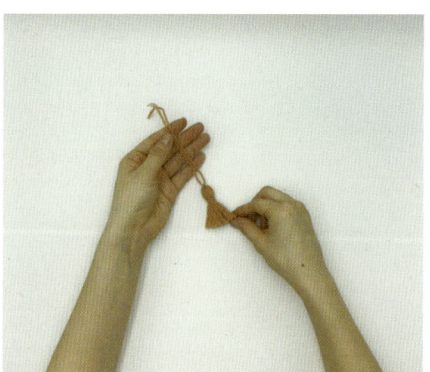

13___ 튀어나온 실들은 다시 한 번 정돈해 길이를 맞춰주세요.

14___ 태슬이 완성되었습니다.

coiling lesson

폼폼이

〔재료〕
램스울 실, 가위

01___ 실을 20cm 길이로 끊어 준비해 주세요.

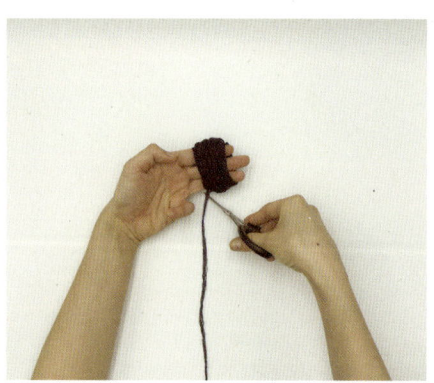

02___ 손가락 3개에 실을 50회 정도 감고 끊어주세요.

03___ 과정 1에서 준비한 실을 과정 2의 실 가운데 부분에 감아 2회 매듭 지어주세요.

TIP) 가운데 부분을 꽉 졸라 매주지 않으면 묶은 부분이 헐거워져 실들이 다 빠져나와요.

04___ 사진과 같은 형태인지 확인해주세요.

05___ 가위를 이용해 양쪽에 튀어나온 실의 고리들을 동그란 모양을 내며 잘라주세요.

06___ 잘라낸 실들을 한번 털어내어 동그랗게 모양을 잡아주세요.

07___ 튀어나와 있는 실들은 가위로 잘라 정돈해주세요.

08___ 폼폼이가 완성되었습니다.

chapter 1

처음 만나는 코일링

기본 코일링

coiling lesson
01
티 매트

〔 재료 〕
돗바늘(7cm), 램스울 실(파란색), 가위, 로프(660합)

〔 완성 사이즈 〕
지름 10cm

TIP. 실의 종류와 색상, 로프의 굵기는 변경 가능합니다.

○ 기본 코일링 모양 만들기

01___ 바늘귀에 실을 꿰어주세요.

02___ 실을 2회 매듭지어 묶어주세요.

03___ 실을 2m 길이로 길게 끊어 준비해주세요.

04___ 한 손에 로프를 다른 한 손에 끊어낸 실을 서로 마주보게 겹쳐 잡아주세요.

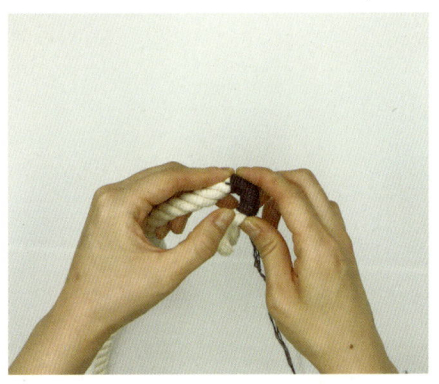

05___ 로프 끝부분을 3~5cm 남겨두고 로프 안쪽으로 실을 3~4cm 감으면서 내려오세요.

06___ 실이 감긴 로프를 반으로 접어주세요.

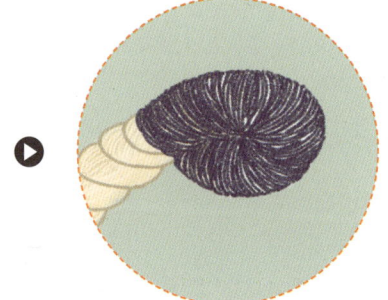

07___ 접은 로프가 잘 고정되도록 실을 3~4회 감아주세요.

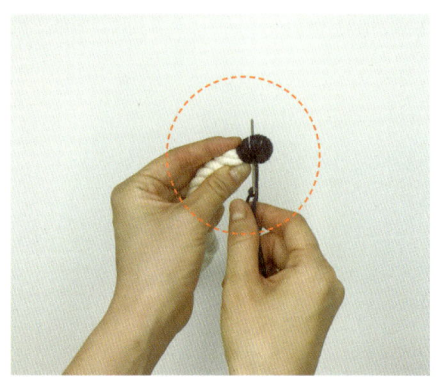

08　로프를 접어 생긴 구멍 안(앞에서 뒤)으로 바늘을 넣고 실을 빼내주세요.

09　과정 5에서 남겨둔 로프 끝을 짧게 잘라 정리해주세요.

10　기본 코일링 첫 모양이 잡혔어요.

○ 기본 코일링 크기 키우기

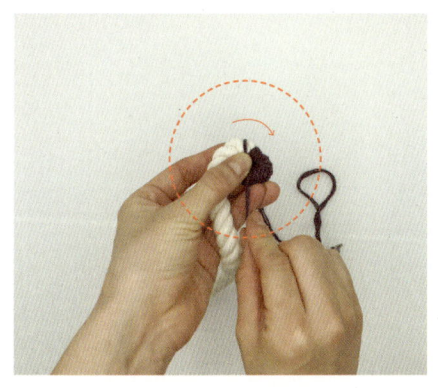 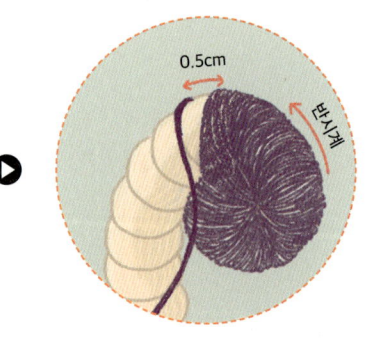

11___ 로프를 화살표 방향으로 꺾어 잡은 뒤 0.5cm 정도 간격을 두고 뒤에 있는 실을 앞으로 가져와 엄지손가락으로 잡아주세요.

TIP) 코일링 작업은 반시계 방향으로 진행됩니다.

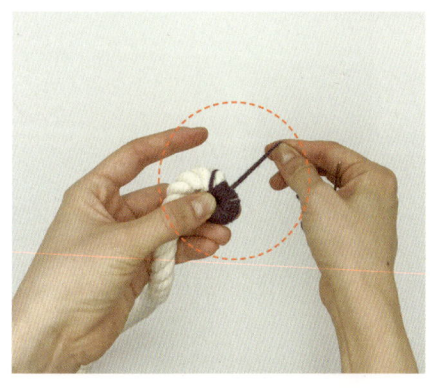 

12___ 구멍 안으로 바늘을 넣고 실을 빼내 지탱선을 만들어주세요.

13___ 사진과 같이 코일링 첫 모양 위로 실이 감긴 형태가 나와야 해요.

14___ 다음 지탱선도 0.5cm 정도 간격을 유지하며 뒤에 있는 실을 앞으로 가져와 구멍 안으로 바늘을 넣고 실을 빼내주세요.

15___ 과정을 반복하여 지탱선을 만들다보면 실이 모자라게 될 거예요. 실을 교체해볼게요.

○ 기본 코일링 실 교체하기

16___ 작업면을 뒤집어서 7~8cm 정도 여유를 두고 실을 끊어주세요.

17___ 끊어낸 실과 새로 연결할 실을 작업면 뒤쪽에 바짝 붙여 2회 매듭지어주세요. 실이 풀리지 않게 꽉 묶어주세요.

18___ 연결할 실을 다시 길게 풀어 끊어주세요.

19___ 끊어낸 실을 바늘귀에 꿰고 2회 매듭지어 묶어주세요.

20___ 다시 작업을 이어나가볼게요.

21___ TIP) 작업을 하다보면 사진처럼 간격이 맞지 않는 경우가 생길 수 있어요.

22___ TIP) 그럴 땐 바늘로 지탱선을 들어 올려 실을 옮기고 간격을 맞춘 뒤 작업을 진행해주세요.

23___ 지탱선을 만들 때 아래 겹쳐지는 지탱선이 있게 되면 한 바퀴 완성입니다.

24___ 여기서부터는 아랫단 지탱선 앞으로 바늘을 넣고 실을 빼내주세요.

25___ 다음 지탱선도 아랫단 지탱선 앞으로 바늘을 넣고 실을 빼내주세요.

26___ **TIP)** 한 바퀴 이후부터는 지탱선을 만들 때는 코일링으로 만든 첫 모양의 구멍이 아니라

27___ TIP) 바로 아랫단 지탱선 앞으로 바늘을 넣고 실을 빼내주세요.

28___ 코일링 작업을 계속 반복하여 작업면의 크기를 키워주세요.

29___ 지름 10cm 정도의 크기가 완성되면 작업을 마무리합니다.

○ 기본 코일링 마무리하기

 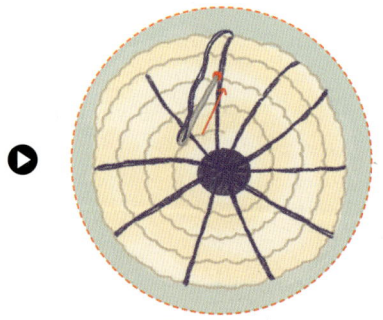

30 아랫단 로프에 바늘을 넣고 실을 빼내주세요.

31 이 과정을 3~4회 반복해 실을 확실히 고정시켜주세요.

32 작업면을 뒤로 뒤집어주세요.

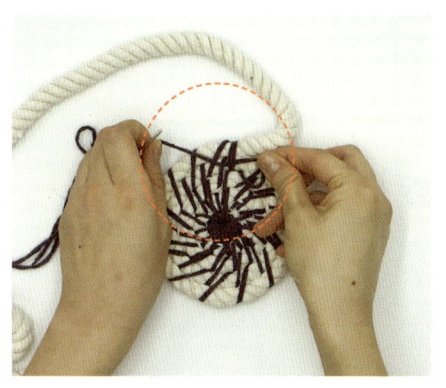

33___ 마무리할 부분에서 가장 가까운 지탱선 안으로 바늘을 넣고 실을 빼내주세요. 이때 실을 다 빼내지 말고 작은 고리 남겨주세요.

34___ 고리 안으로 바늘을 넣고 실을 쭉 빼내면 매듭지을 곳의 위치가 정해져요.

 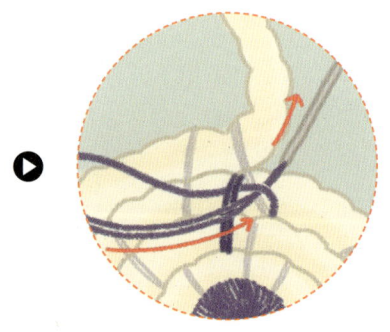

35___ 그 위치에서 고리를 만들어 실을 2회 매듭지어 묶어주세요.

36___ 남는 실은 끊어주세요.

37___ 작업면을 앞으로 뒤집어 적당한 길이로 로프를 잘라주세요.

38___ 로프의 끝 부분을 손으로 잘 풀어 자연스럽게 연출해주세요.

TIP) 도구가 있다면 도구를 활용해 로프를 빗어주세요.

39___ 가위로 끝부분을 정돈해주세요.

40___ 티 매트가 완성되었습니다.

coiling lesson
02

화분 커버

〔 재료 〕

돗바늘(7cm), 램스울 실(녹색), 가위, 로프(480합), 작은 화분

〔 완성 사이즈 〕

지름 8cm, 높이 6cm

TIP. 촘촘한 느낌을 주기 위해 로프는 합수가 더 낮은 480합을 사용했습니다.

○ 밑판·몸통 만들기

01   기본 코일링 모양 만들기(43~51p)를 참고해 밑판을 만들어주세요. 화분의 밑판 크기보다 한 바퀴 더 크게 작업해주세요.

 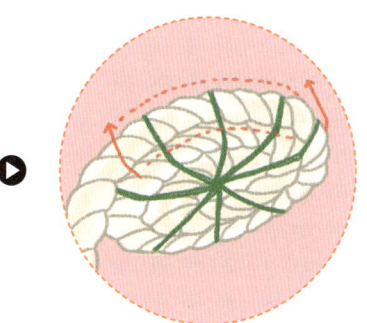

02   밑판이 완성됐다면 로프를 옆이 아닌 위로 쌓아 올려 코일링 작업을 진행해주세요.

03___ 계속 로프를 위로 쌓아 올리며 기본 코일링 작업을 진행해주세요.

04___ 지탱선을 만들어나갈 때는 아랫단 지탱선 앞으로 바늘을 넣고 실을 빼내주세요.

05___ 준비한 화분과 맞춰보며 모양이 잘 잡혀가는지 확인해주세요.

06___ 실이 모자랄 때는 기본 코일링 실 교체하기(48p)를 참고해 실을 교체해주세요.

07___ 다시 코일링 작업을 진행합니다.

08___ 로프를 위로 쌓아 올리며 6cm 정도의 높이로 몸통을 만들어주세요.

TIP) 준비한 화분의 크기에 따라 작업 높이는 달라질 수 있어요.

09____ 마지막 단에서 실 색상을 교체해 완성해볼게요. (48p 참고)

10____ 맨 윗 단 로프에 다른 색상의 실을 감으면서 안쪽으로 내려오세요.

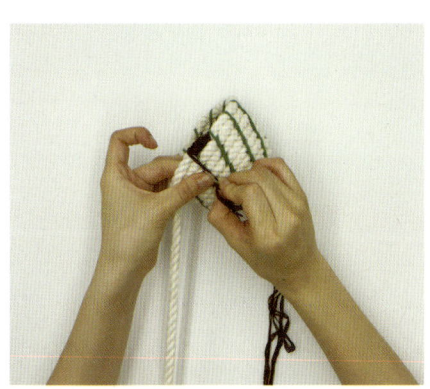

11____ 다음 지탱선이 있는 부분까지 로프에 실을 감으면서 내려오세요.

12____ 아랫단 지탱선 앞으로 바늘을 넣고 실을 빼내주세요.

13 ___ 과정 10~12를 계속 반복해주세요.

14 ___ 한 바퀴가 모두 둘러졌다면 로프를 사선으로 짧게 잘라주세요.

15 ___ 잘라낸 로프가 보이지 않을 때까지 아랫단에 바늘을 넣고 실을 빼내주세요. (약 10회)

16 ___ 잘 고정되었는지 확인해주세요.

○ **마무리하기**

17___ 기본 코일링 마무리하기(52~54p)를 내용을 참고해 실을 매듭지어 주세요.

18___ 남는 실은 끊어주세요.

19___ 화분 커버가 완성되었습니다.

coiling lesson
03

한 겹 손잡이 소쿠리

〔 재료 〕

돗바늘(7cm), 램스울 실(베이지색, 파란색), 가위, 로프(660합)

〔 완성 사이즈 〕

지름 8cm, 높이 6cm

○ 밑판 만들기

01___ 기본 코일링 모양 만들기(43~51p)를 참고해 지름 12cm 크기의 밑판을 만들어주세요.

02___ 밑판의 크기를 키우다 보면 지탱선의 간격이 점점 넓어져 완성품이 흐물거릴 수 있어요.

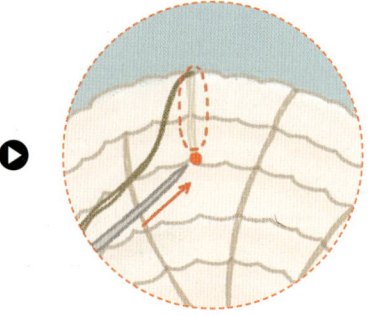

03___ 지탱선과 지탱선 사이에 지탱할 실을 1개 더 끼워 넣어 아랫단에 고정시켜주세요.

04___ 그 다음은 원래대로 지탱선을 만드는 듯 아랫단 지탱선 앞으로 바늘을 넣고 실을 빼내주세요.

05___ 지탱선 추가 작업을 반복해 지탱선 갯수를 늘려 한 바퀴 둘러주세요.

06___ 밑판 지름이 16cm가 될 때까지 코일링 작업을 진행해주세요.

07___ 작업면을 뒤집어주세요.

○ 몸통 만들기

08___ 옆으로 크기를 키우던 로프를 위로 쌓아 올려 코일링 작업을 진행해주세요.

09___ 로프를 계속 위로 쌓아 올려 코일링 작업을 진행해주세요.

10 ___ 쌓아 올린 로프가 6cm 높이가 되면 손잡이를 만들어줍니다.

○ 손잡이 만들기

11 ___ 실 색상을 교체해주세요.

12 ___ 교체한 실을 7cm 길이로 로프에 감으면서 내려오세요.

13___ 밑판과 몸통 작업을 했던 색상의 실로 교체해 매듭지어주세요.

14___ 실을 교체할 때 생긴 매듭은 뾰족한 도구를 이용해 손잡이를 감아낸 실 안쪽으로 밀어 넣어주세요.

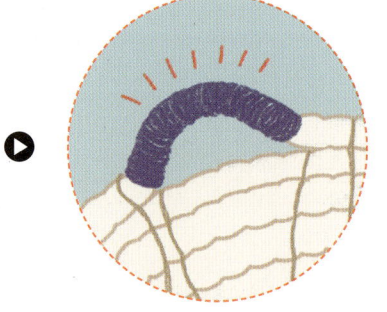

15___ 손잡이가 될 부분의 로프를 살짝 띄워 모양을 잡아주세요.

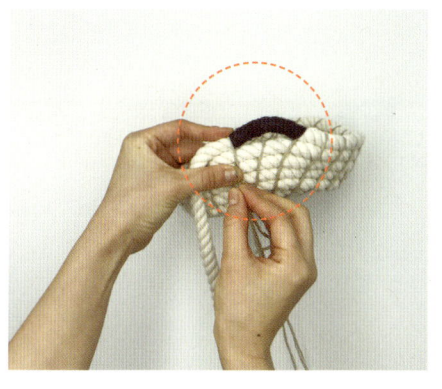
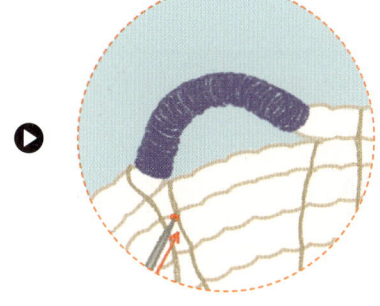

16 ___ 아랫단 지탱선 앞으로 바늘을 넣고 실을 빼내주세요.

17 ___ 반대편 손잡이를 만들 부분까지 코일링 작업을 진행해주세요.

18 ___ 손잡이를 만들 위치를 확인해주세요.

19 ____ 손잡이를 만들 색상의 실로 교체해 7cm 길이로 실을 감으면서 내려오세요.

20 ____ 실을 교체해 매듭을 짓고, 아랫단의 로프에 바늘을 넣고 실을 빼내주세요.

21 ____ 살짝 여분을 두어 로프를 사선으로 잘라주세요.

22 ____ 로프가 보이지 않을 때까지 아랫단에 바늘을 넣고 실을 빼내주세요. (5~10회 반복)

23___ 기본 코일링 마무리하기(52~54p)를 참고해 실을 매듭짓고 남는 실은 끊어주세요.

24___ 한 겹 손잡이 소쿠리가 완성되었습니다.

coiling lesson
04

두 겹 손잡이 소쿠리

〔 재료 〕

돗바늘(7cm), 램스울 실(베이지색, 머스터드색, 검정색), 가위, 로프(660합)

〔 완성 사이즈 〕

지름 12cm, 높이 6cm

○ 밑판·몸통 만들기

01   한 겹 손잡이 소쿠리 만들기(64~67p)를 참고해 6cm 높이의 소쿠리 몸통을 만들어주세요.

○ 손잡이 만들기

02   로프 끝을 소쿠리 몸통에 올려 1회 둘러주세요. 소쿠리 몸통 둘레보다 약간 더 넉넉하게 둘러주세요.

03   1회 더 로프를 둘러줍니다.

04 로프를 겹쳐 둘렀던 시작점 부분 (로프의 끝이 맞닿았던 부분)을 실로 묶어 손잡이가 될 부분을 표시해주세요.

05 표시된 부분까지 코일링 작업을 진행해주세요.

06 손잡이가 될 부분의 실 색상을 기본 코일링 실 교체하기(48p)를 참고해 교체해주세요.

TIP) 손잡이 부분을 표시했던 실은 풀어서 정리해주세요.
TIP) 한 가지 색상의 소쿠리를 만들고 싶다면 실을 교체하지 않아도 돼요.

07 손잡이가 될 부분의 로프에 1cm 정도씩 간격을 두어 실을 안쪽으로 4회 감으면서 내려오세요.

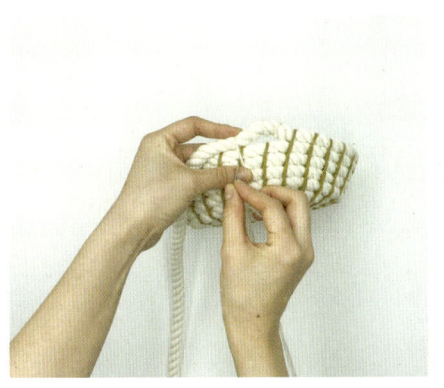

08___ 로프를 살짝 띄우고, 아랫단 지탱선 앞으로 바늘을 넣고 실을 빼내주세요. 반대편 손잡이를 만들 지점까지 코일링 작업을 진행해주세요.

09___ 과정 7을 참고해 반대편에도 똑같이 손잡이를 만들어주세요.

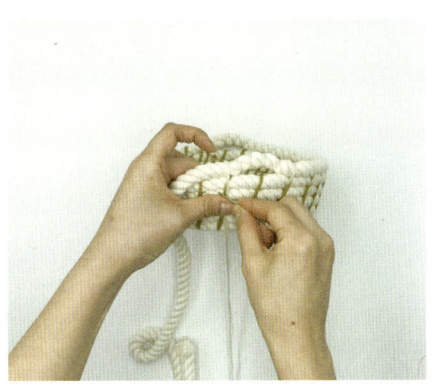

10___ 아랫단에 바늘을 넣고 실을 빼내주세요.

11___ 다시 반대편 손잡이가 있는 곳까지 코일링 작업을 진행해주세요.

12 손잡이 위에 로프를 겹치고 과정 7을 참고해 손잡이를 2겹으로 만들어주세요.

13 아랫단 지탱선 앞으로 바늘을 넣고 실을 빼내주세요. 반대편 손잡이가 있는 곳까지 코일링 작업을 진행합니다.

14 반대편 손잡이도 과정 12를 참고해 2겹으로 겹쳐주세요.

15 아랫단 로프에 바늘을 넣고 실을 빼내주세요.

16   살짝 여분을 두어 로프를 사선으로 잘라주세요.

17   잘라낸 로프가 보이지 않을 때까지 아랫단 로프에 바늘을 넣고 실을 빼내주세요. (5~10회 반복)

18   소쿠리 안쪽에서 기본 코일링 마무리하기(52~54p)를 참고해 실을 매듭짓고 남는 실은 끊어주세요.

○ 태슬 달기

19___ 태슬 만들기(32~36p)를 참고해 태슬을 준비합니다.

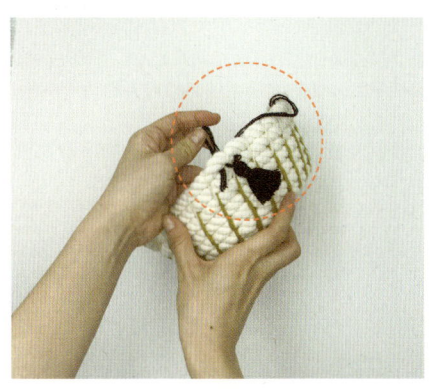 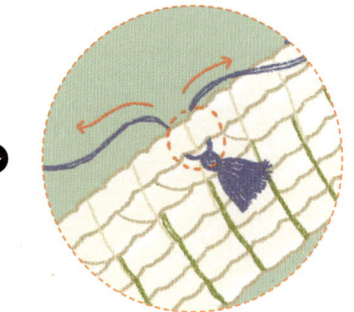

20___ 태슬을 달아줄 곳의 지탱선 앞뒤로 태슬에 달린 실을 한 줄씩 빼내어줍니다.

21___ 소쿠리 안쪽에서 실을 2회 매듭 짓고 남는 실은 끊어주세요.

22___ 태슬을 단 두 겹 손잡이 소쿠리가 완성되었습니다.

coiling lesson
05

색 넣어 만든 볼

〔 재료 〕

돗바늘(7cm), 램스울 실(검정색, 베이지색, 카멜색, 노란색, 하늘색, 민트색, 그레이 베이지 혼합색), 가위, 로프(660합)

〔 완성 사이즈 〕

지름 10cm, 높이 5cm

○ 밑판 만들기

01___ 기본 코일링 모양 만들기(43~51p)를 참고해 지름 10cm 크기의 밑판을 만들어주세요.

02___ 위쪽으로 로프를 쌓아 올리며 코일링 작업을 2회 진행해주세요. 이때 과정 1에서 사용했던 실과 바늘은 그대로 둡니다.

○ 실 교체해 색 넣기

 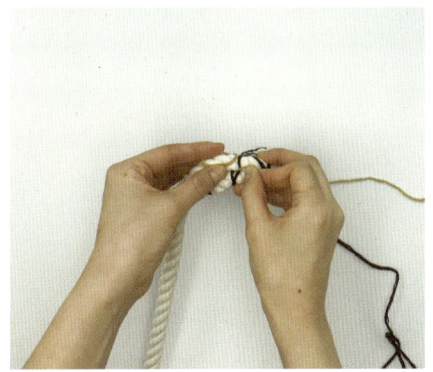

03___ 원하는 색상의 실을 준비해주세요. 책에서는 베이지색 실을 사용했어요.

04___ 베이지색 실의 끝부분을 로프에 올려 안쪽으로 실을 감으면서 내려오세요.

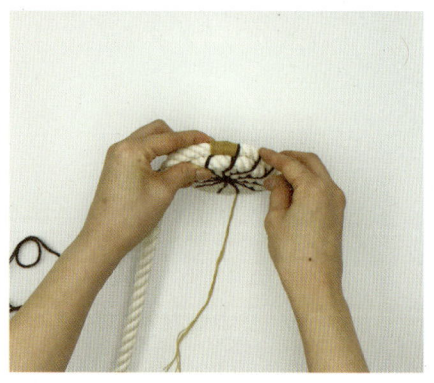

05___ 다음 지탱선 부분까지 로프에 실을 감으면서 내려오세요.

06___ 감고 남은 베이지색 실과 지탱선을 만들던 검정색 실을 안쪽에서 2회 매듭지어주세요.

07___ 베이지색 실을 끊어주세요.

08___ 다시 지탱선을 만들던 검정색 실로 지탱선을 만들며 2회 코일링 작업을 진행해주세요.

 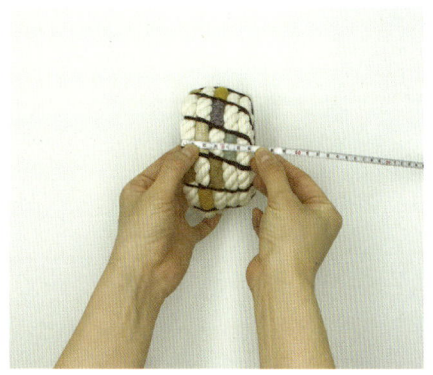

09___ 같은 방법으로 색을 넣어가며 코일링 작업을 진행해주세요.

10___ 6cm 높이의 몸통이 완성되면 작업을 마무리합니다.

○ 마무리하기

11___ 다음 지탱선의 위치에서 로프를 사선으로 잘라주세요.

12___ 원하는 색상의 실을 골라 지탱선을 만들던 실과 교체하고 잘라낸 로프의 절반 길이만큼 실을 안쪽으로 감으면서 내려오세요.

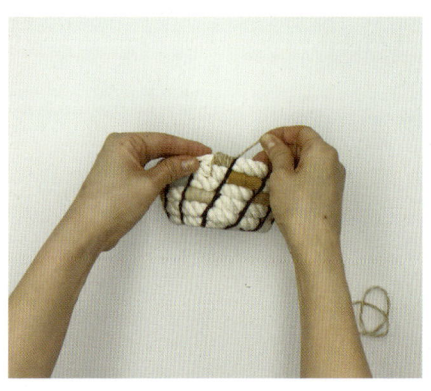

13___ 나머지 절반의 로프는 아랫단 로프에 바늘을 넣고 실을 빼내는 과정을 반복해주세요.

14___ 사진과 같이 절반은 윗단에 실이 감아진 상태, 절반은 아랫단 로프와 감아진 상태가 되어야 해요.

15___ 볼 안쪽에서 기본 코일링 마무리 하기(52~54p)를 참고해 실을 매듭짓고 남는 실은 끊어주세요.

16___ 색 넣어 만든 볼이 완성되었습니다.

coiling lesson
06

양모 코스터

〔 재료 〕

돗바늘(7cm), 램스울 실(회색), 가위, 양모(노란색)

〔 완성 사이즈 〕

지름 10cm

○ 모양 만들기

01___ 실을 길게 풀어 끊고 바늘귀에 꿰어 2회 매듭지어주세요. 양모 끝을 3~4cm 남겨두고 실 끝과 양모를 맞대어 안쪽으로 실을 3~4cm 감으면서 내려오세요.

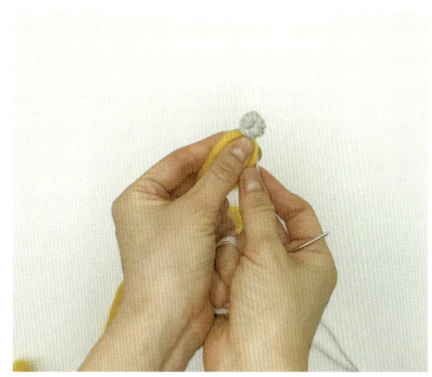

02___ 실이 감긴 양모를 반으로 접어주세요. 접은 양모가 잘 고정되도록 실을 3~4회 감아주세요.

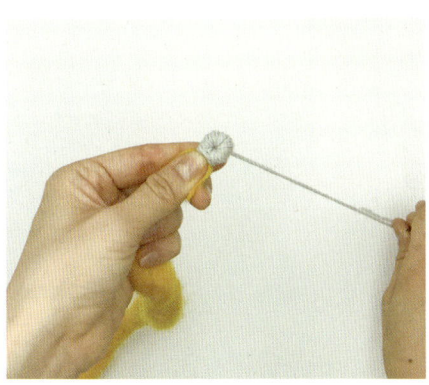

03___ 양모을 접어 생긴 구멍 안(앞에서 뒤)으로 바늘을 넣고 실을 빼내주세요.

○ 크기 키우기

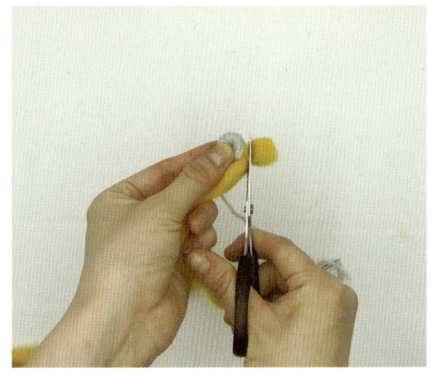

04___ 과정 1에서 남겨둔 양모 끝을 짧게 잘라 정리해주세요.

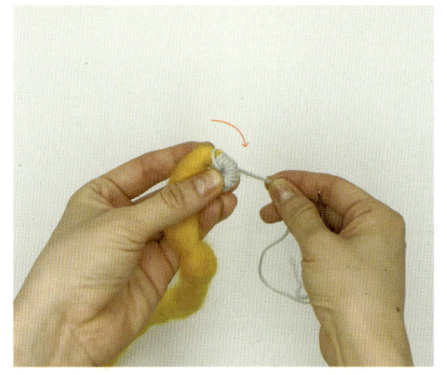

05___ 양모를 화살표 방향으로 꺾어 잡은 뒤 0.5cm 정도 간격을 두고 뒤에 있는 실을 앞으로 가져와 구멍 안으로 바늘을 넣고 실을 빼내 지탱선을 만들어주세요.

06___ 다음 지탱선도 0.5cm 정도 간격을 유지하며 뒤에 있는 실을 앞으로 가져와 구멍 안으로 바늘을 넣고 실을 빼내주세요.

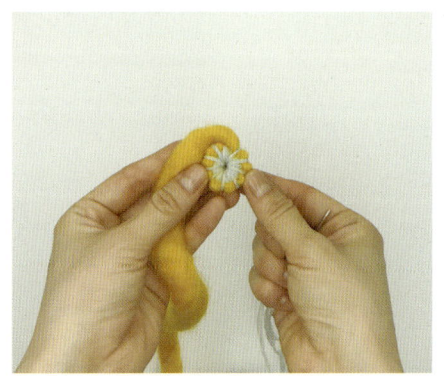

07___ 과정을 반복하여 지탱선을 한 바퀴 둘러주세요.

08___ 아랫단 지탱선과 겹쳐지는 부분부터는 아랫단 지탱선 앞으로 바늘을 넣고 실을 빼내주세요.

09___ 계속 아랫단 지탱선 앞으로 바늘을 넣고 실을 빼내며 코일링 작업을 진행해주세요.

10___ 지름 10cm 정도의 크기가 완성되면 작업을 마무리합니다.

○ **마무리하기**

11 ___ 아랫단 지탱선에 바늘을 넣고 실을 빼내주세요. (3~4회 반복)

12 ___ 작업면을 뒤집어서 기본 코일링 마무리하기(52~54p)를 참고해 실을 매듭짓고 남는 실은 끊어주세요.

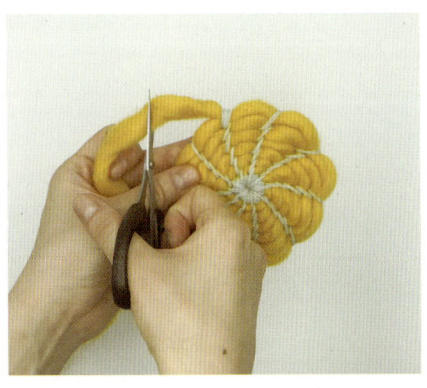

13 ___ 작업면을 뒤집어서 적당한 길이를 남기고 양모를 잘라주세요.

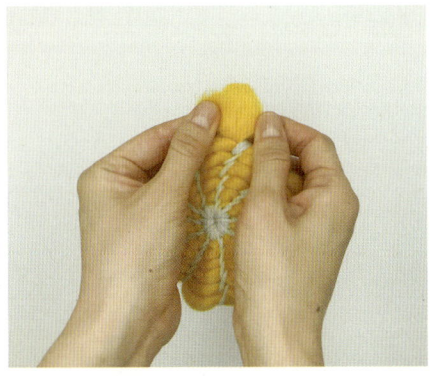

14 ___ 양모는 손으로 잘 부풀려주세요.

15___ 양모 코스터가 완성되었습니다.

TIP) 양모는 로프보다 힘이 없는 소재이기 때문에 손으로 모양을 잘 잡아가며 작업을 해야 훨씬 더 귀여운 모양의 소품이 완성돼요.

coiling lesson
07

양모 볼

〔 재료 〕
돗바늘(7cm), 램스울 실(인디핑크색), 가위, 양모

〔 완성 사이즈 〕
지름 8cm, 높이 5cm

○ 밑판·몸통 만들기

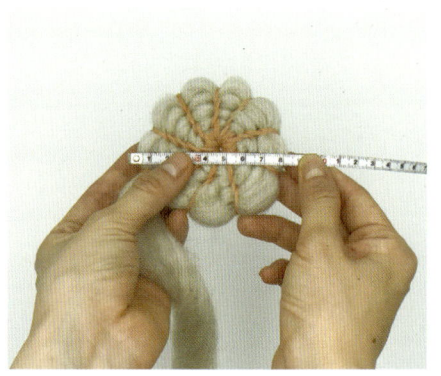

01__ 양모 코스터 만들기(87~89p)를 참고해 지름 8cm 크기의 밑판을 만들어주세요.

02__ 양모를 위로 쌓아 올리며 코일링 작업을 진행해주세요.

03__ 중간에 실이 모자랄 경우에는 기본 코일링 실 교체하기(48p)를 참고해 실을 교체해주세요.

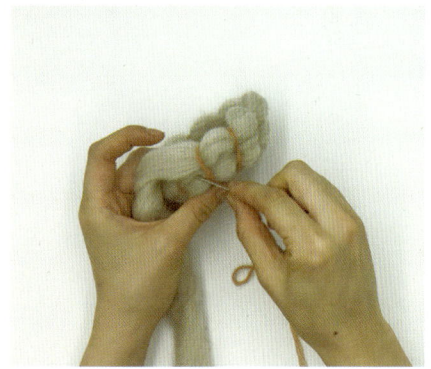

04__ 입구가 넓은 형태의 볼을 만들기 위해 양모를 위로 쌓아 올릴 때 바깥쪽으로 모양을 펼치면서 쌓아주세요.

05___ 양모는 힘이 없는 소재이기 때문에 중간중간 모양이 잘 잡히고 있는지 확인해주세요.

06___ 양모가 5cm 높이로 쌓아졌다면 작업을 마무리합니다.

○ 마무리하기

07___ 아랫단 지탱선에 바늘을 넣고 실을 빼내주세요. (3~4회 반복)

08___ 볼 안쪽에서 기본 코일링 마무리하기(52~54p)를 참고해 실을 매듭짓고 남는 실은 끊어주세요.

09___ 적당한 길이를 남기고 양모를 잘라주세요.

TIP) 잘라낸 양모는 손으로 잘 만져주세요.

10___ 양모 볼이 완성되었습니다.

TIP) 흐물거리는 양모의 특성상 큰 소품보다는 작은 소품을 만들어 활용도를 높였어요.

coiling lesson
08

재활용 원단 코스터

〔 재료 〕
돗바늘(7cm), 램스울 실(베이지색), 가위, 재활용 원단

〔 완성 사이즈 〕
지름 10cm

○ 모양 만들기

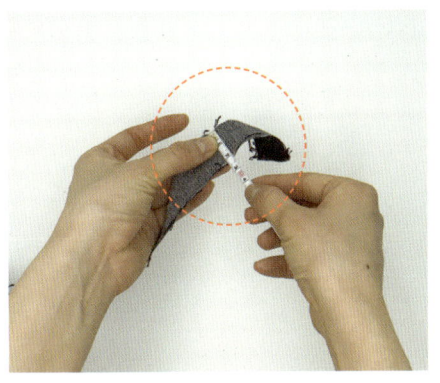 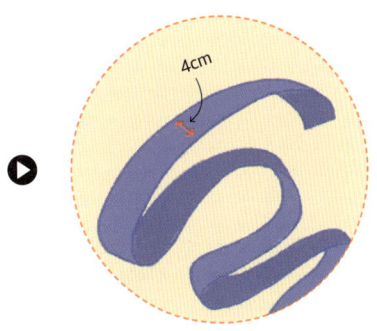

01___ 재활용 원단을 폭 4cm 크기로 길게 잘라 준비해주세요.

TIP) 책에서는 청바지를 잘라 준비했어요. 인터넷에 '티셔츠 얀 만들기'를 검색하여 참고하면 재활용 원단을 만들 수 있어요.

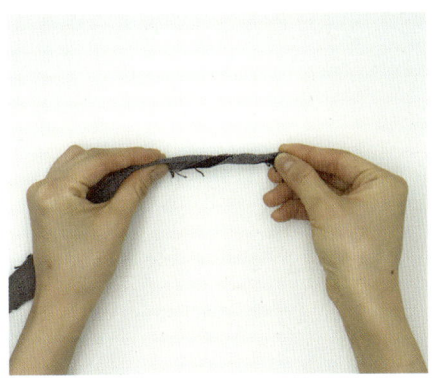 

02___ 잘라낸 원단을 손으로 꼬아 준비해주세요.

03___ 실을 길게 풀어 끊고 바늘귀에 꿰어 2회 매듭지어주세요. 꼬아낸 원단의 앞부분을 3~4cm 남겨두고 실 끝을 원단과 맞대어 안쪽으로 3~4cm 감으면서 내려오세요.

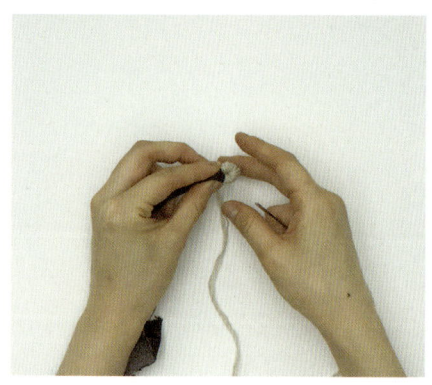

04___ 실이 감긴 재활용 원단을 반으로 접어주세요.

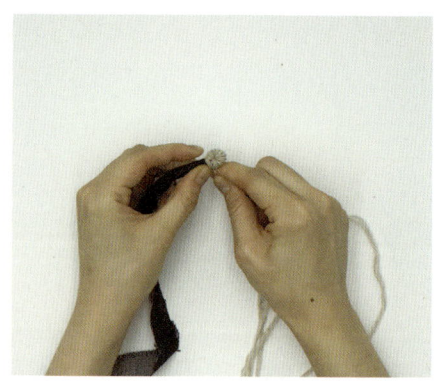

05___ 접은 재활용 원단이 잘 고정되도록 실을 3~4회 감아주세요.

06___ 재활용 원단을 접어 생긴 구멍 안(앞에서 뒤)으로 바늘을 넣고 실을 빼내주세요.

○ 크기 키우기

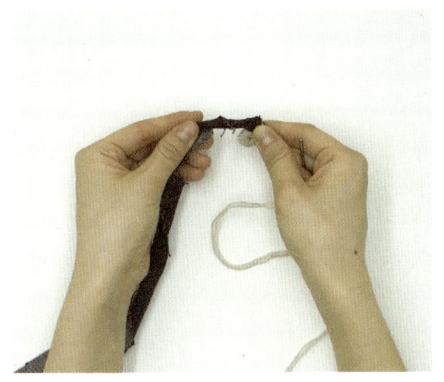

07___ 원단을 계속 꼬아가며 작업을 진행해주세요.

08___ 원단을 화살표 방향으로 꺾어 잡은 뒤 0.5cm 정도 간격을 두고 뒤에 있는 실을 앞으로 가져와 구멍 안으로 바늘을 넣고 실을 빼내 지탱선을 만들어주세요.

09___ 다음 지탱선도 0.5cm 정도 간격을 두고 실을 뒤에서 앞으로 가져와 구멍 안으로 바늘을 넣고 실을 빼내주세요.

10___ 과정을 반복하여 지탱선을 한 바퀴 둘러주세요.

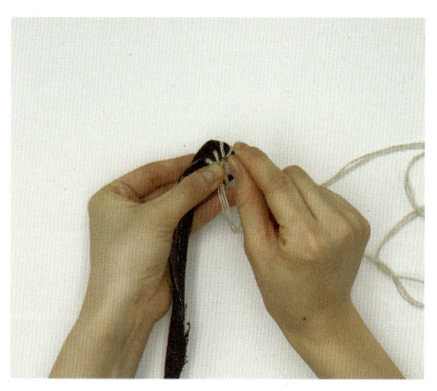

11___ 아랫단 지탱선과 겹쳐지는 부분부터는 아랫단 지탱선 앞으로 바늘을 넣고 실을 빼내주세요.

12___ 코일링 작업을 반복하여 코스터 크기를 키워주세요.

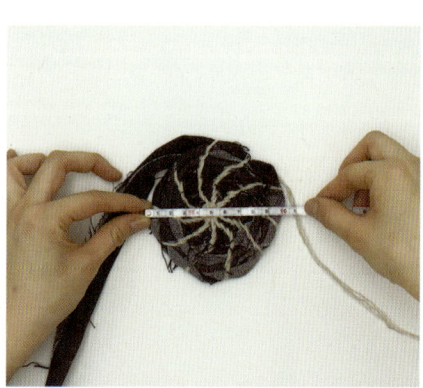

13___ 지름 10cm 정도의 크기가 완성되면 작업을 마무리합니다.

○ 마무리하기

14___ 적당한 길이로 재활용 원단을 잘라주세요.

15___ 아랫단 지탱선에 바늘을 넣고 실 빼내주세요. (3~4회 반복)

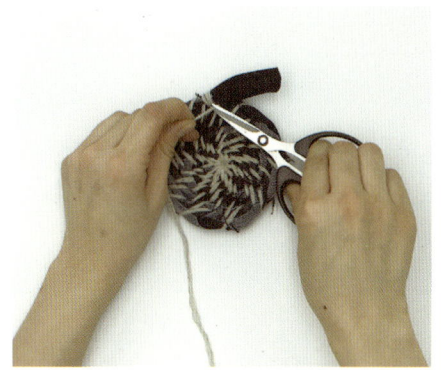

16___ 작업면을 뒤집어서 기본 코일링 마무리하기(52~54p)를 참고해 실을 매듭짓고 남는 실은 끊어주세요.

17___ 재활용 원단 코스터가 완성되었습니다.

chapter 2

처음 만나는 코일링

심화 코일링

coiling lesson
09

심화 코일링 코스터

〔 재료 〕

지끈(4mm), 가위, 돗바늘(7cm), 램스울 실(인디핑크색, 남색)

〔 완성 사이즈 〕

지름 9cm

○ 심화 코일링 모양 만들기

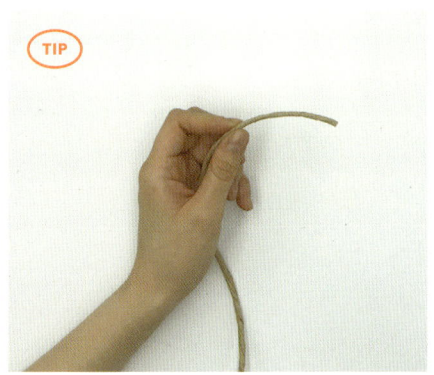

01___ TIP) 심화 코일링을 만들 때 사용하는 지끈은 종이가 주재료인 소재입니다.

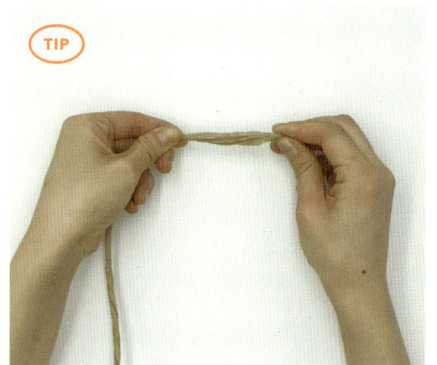

02___ TIP) 꼬아져 있는 종이가 작업 중간에 풀릴 수 있어요.

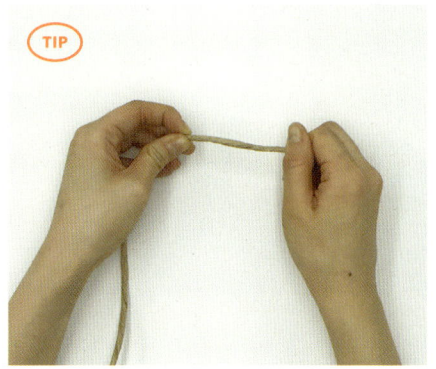

03___ TIP) 풀린 종이는 반대 방향으로 꼬아내면 원래의 형태로 되돌릴 수 있어요.

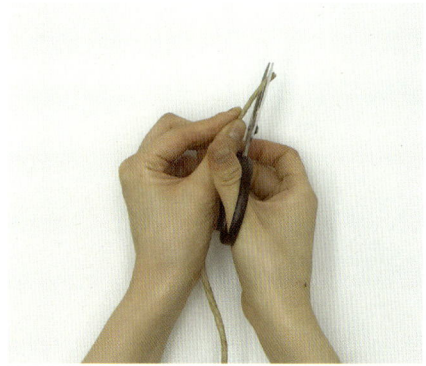

04___ 지끈의 한쪽 끝을 사선으로 잘라 준비해주세요.

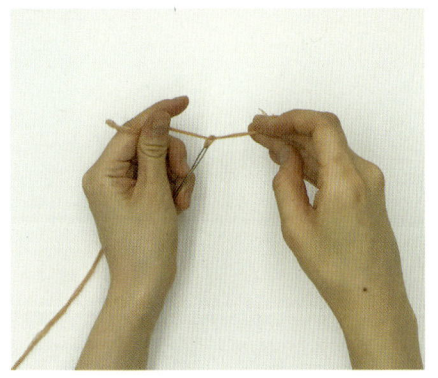

05___ 실을 2m 길이로 길게 풀어 끊고 바늘귀에 꿰어 2회 매듭지어 묶어주세요.

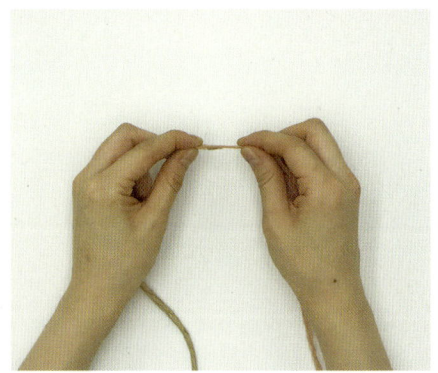

06___ 사선으로 잘라낸 지끈과 끊어낸 실의 끝이 서로 마주보게 겹쳐 잡아주세요.

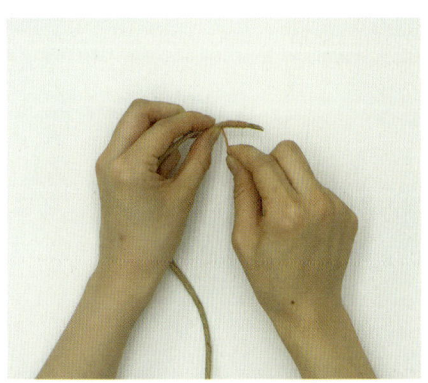

07___ 지끈의 끝을 3~4cm 남겨두고 안쪽으로 실을 3~4cm 감으면서 내려오세요.

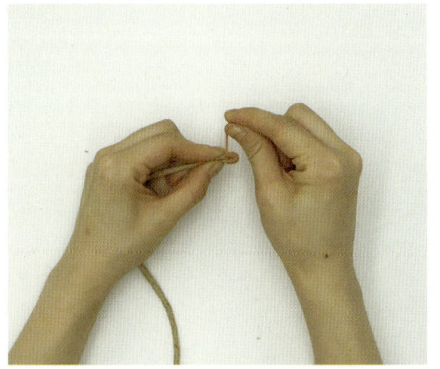

08___ 실이 감긴 지끈을 반으로 접어주세요.

TIP) 손으로 힘을 주어 접으면 더 단단하게 고정시킬 수 있어요.

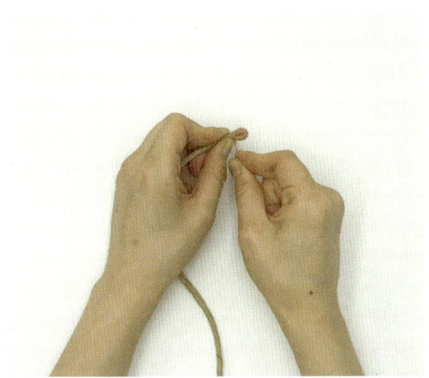 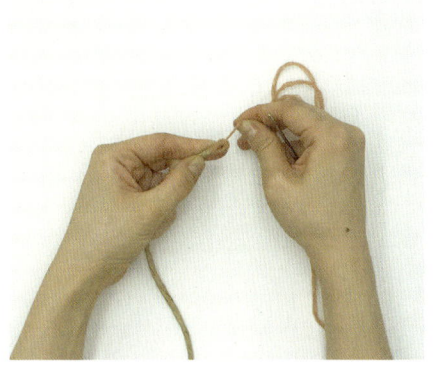

09___ 접은 지끈이 잘 고정되도록 3~4회 실을 감아주세요.

TIP) 이때 실을 꽉 감지 않으면 사선으로 자른 지끈이 밖으로 튀어나와 실이 풀리게 됩니다.

10___ 지끈을 접어 생긴 구멍 안(앞에서 뒤)으로 바늘을 넣고 실을 빼내주세요. 심화 코일링 첫 모양이 잡혔어요.

TIP) 심화 코일링 첫 모양 잡기는 기본 코일링 첫 모양 잡기와 기법이 같아요.

○ 심화 코일링 크기 키우기

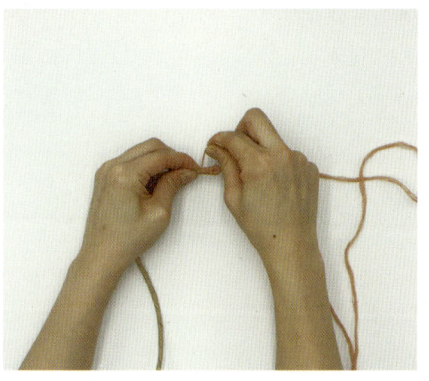

11___ 지끈의 안쪽으로 실을 5회 감으면서 내려오세요.

TIP) 코일링 작업은 반시계 방향으로 진행됩니다.

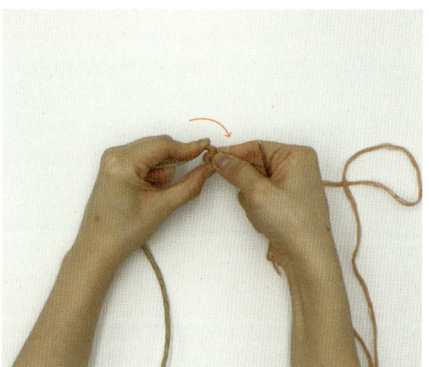

12___ 실이 감긴 지끈을 화살표 방향으로 꺾어 잡아주세요.

13___ 뒤에 있는 실을 앞으로 가져와 왼손 엄지로 잡아준 상태에서 구멍 안(앞에서 뒤)으로 바늘을 넣고 실을 빼내주세요.

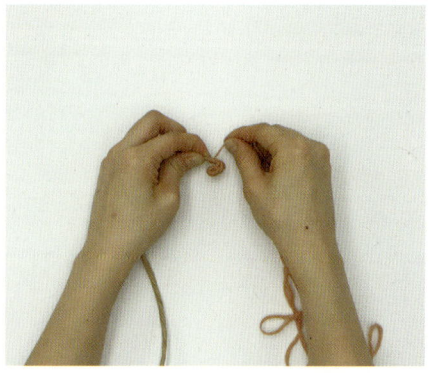

14___ 다시 지끈의 안쪽으로 실을 5회 감으면서 내려오세요.

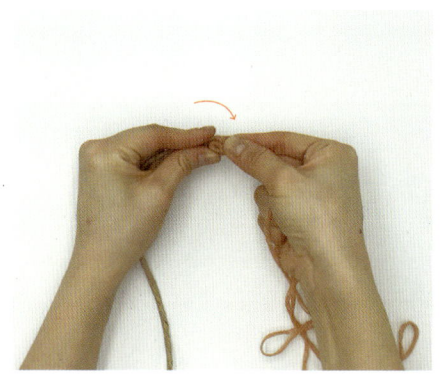

15 ___ 실이 감긴 지끈을 화살표 방향으로 꺾어 잡아주세요.

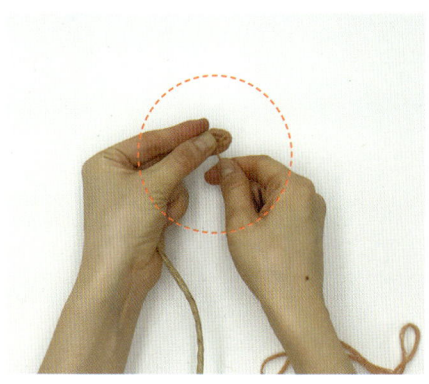 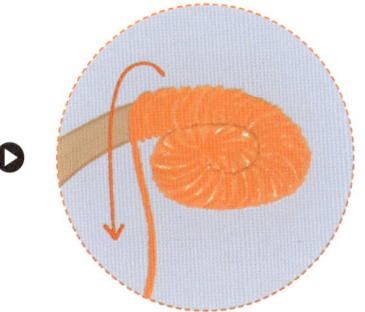

16 ___ 뒤에 있는 실을 앞으로 가져와 왼손 엄지로 잡아준 상태에서

 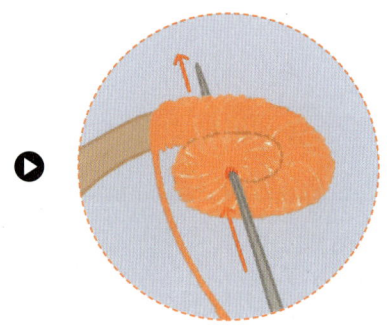

17__ 구멍 안(앞에서 뒤)으로 바늘을 넣고 실을 빼내주세요.

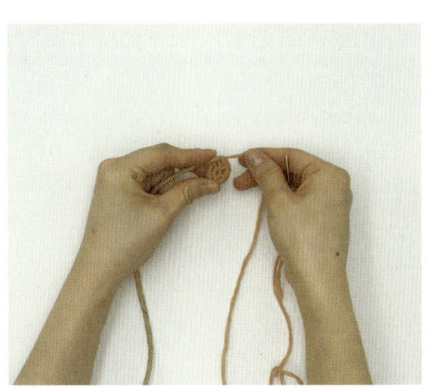

18__ 과정 14~17을 반복하여 심화 코일링 첫 모양을 한 바퀴 둘러주세요.

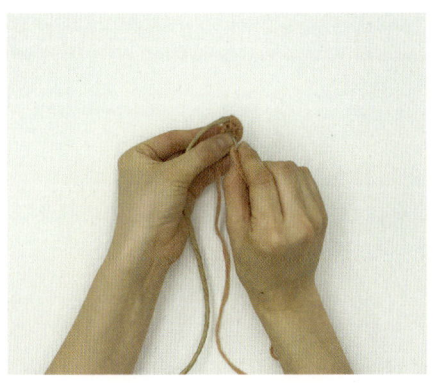

19__ 첫 모양이 한 바퀴 둘러졌다면 지끈의 안쪽으로 실을 5회 감으면서 내려오고 아랫단 지탱선 앞으로 바늘을 넣고 실을 빼내주세요.

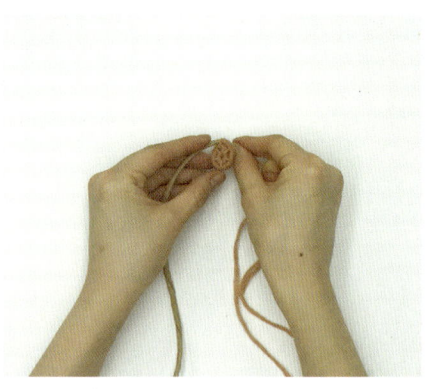

20___ 사진과 같은 형태가 만들어졌는지 확인해주세요.

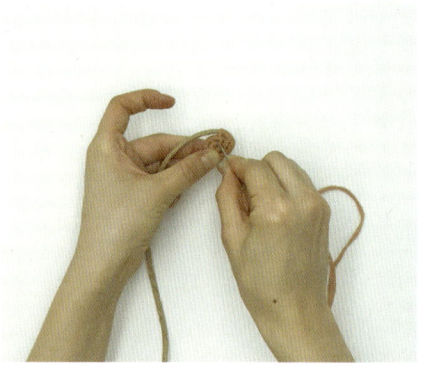

21___ 과정 19를 반복하여 심화 코일링 작업을 진행해주세요.

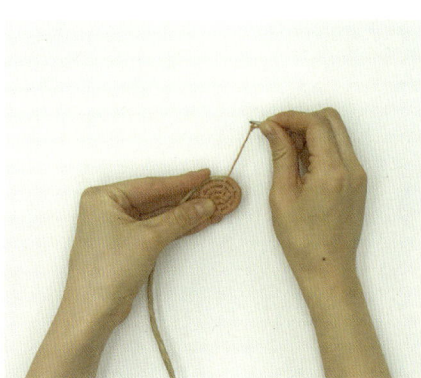

22___ 작업을 하다보면 실이 모자라게 될 거예요. 실을 교체해볼게요.

○ 심화 코일링 실 교체하기

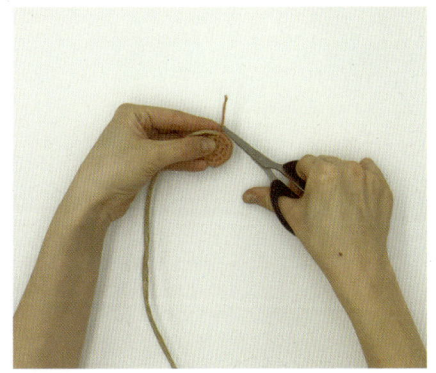

23___ 약간의 여유 길이(1cm 정도)를 두고 실을 끊어주세요.

 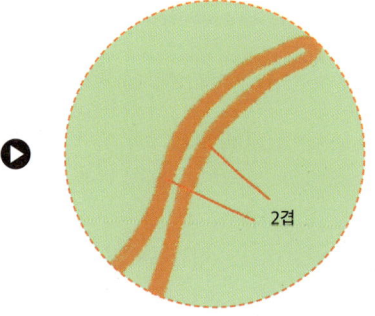

24___ 도톰한 실의 질감을 살려주기 위해 교체할 실은 2겹으로 겹쳐 사용할게요. 실을 길게 풀어 2겹으로 겹쳐 잡고 한쪽은 끊어주세요.

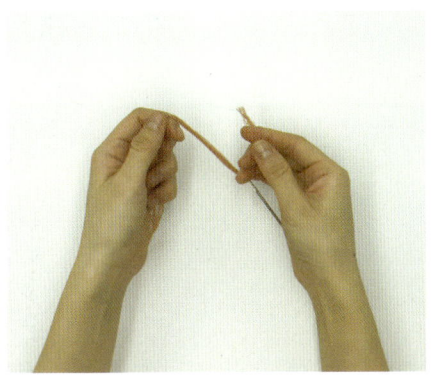
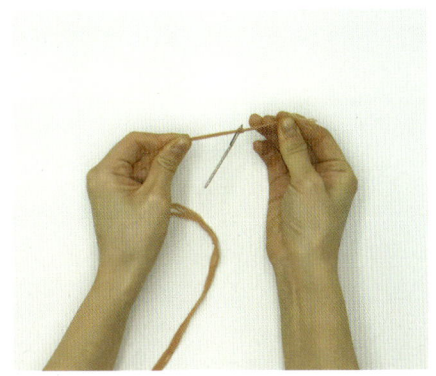

25___ 실을 겹쳐 고리가 생긴 쪽이 아닌 끊어진 쪽의 실을 바늘귀에 꿰어주세요.

TIP) 실 끝을 살짝 접어 바늘귀에 밀어 넣어주세요.

26___ 실을 2회 매듭지어 묶어주세요.

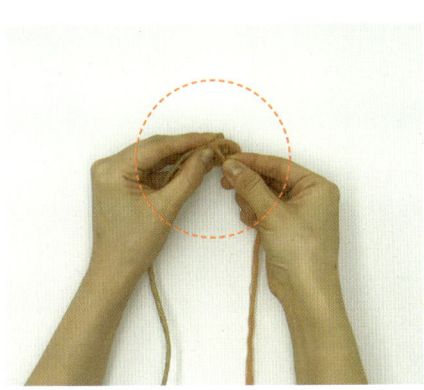
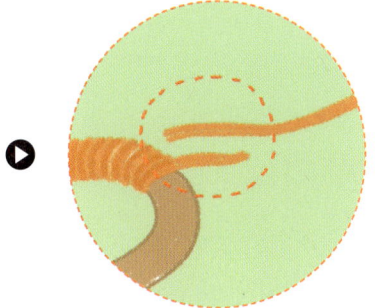

27___ 과정 24에서 끊어낸 실과 새로 연결할 실 끝을 겹쳐 잡아주세요.

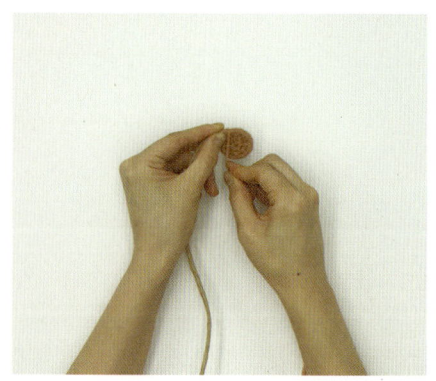

28　겹쳐진 실 위로 잘려진 실의 꼬리가 보이지 않을 때까지 안쪽으로 실을 감으면서 내려오세요.

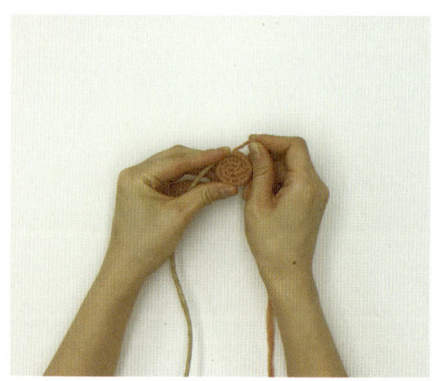

29　실의 꼬리가 잘 감춰졌는지 확인해주세요. 실이 연결되었다면 지끈의 안쪽으로 실을 2회 감으면서 내려오세요.

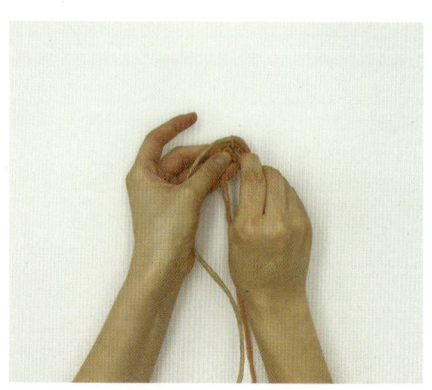

30　지끈을 꺾어 잡고 뒤에 있는 실을 앞으로 가져와 아랫단 지탱선 앞으로 바늘을 넣고 실을 빼내주세요.

31　과정 19를 반복하여 지름 9cm 정도의 크기가 되면 작업을 마무리합니다.

○ 심화 코일링 마무리하기

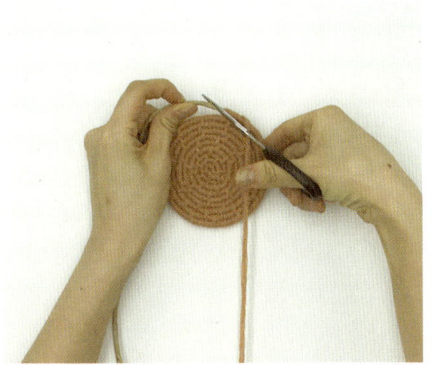

32___ 지끈을 사선으로 짧게 잘라주세요.

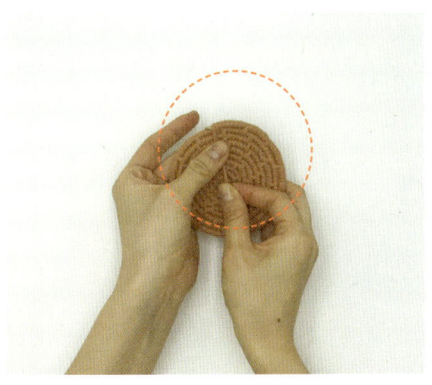 

33___ 잘라낸 지끈이 보이지 않을 때까지 아랫단에 바늘을 넣고 실을 빼내주세요.

34___ 지끈이 보이지 않는지 확인해주세요.

35___ 작업면을 뒤집어주세요.

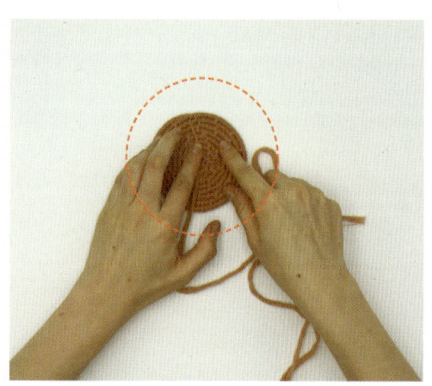

36___ 가장 가까운 지탱선에 바늘을 넣고 실을 빼내주세요.

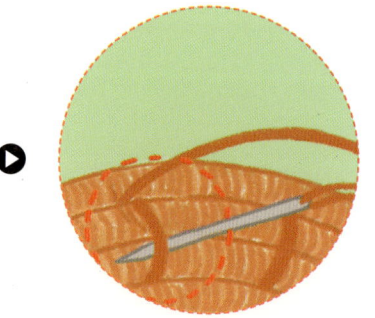

37___ 이때 실을 다 빼내지 말고 작은 고리 하나를 남겨두세요.

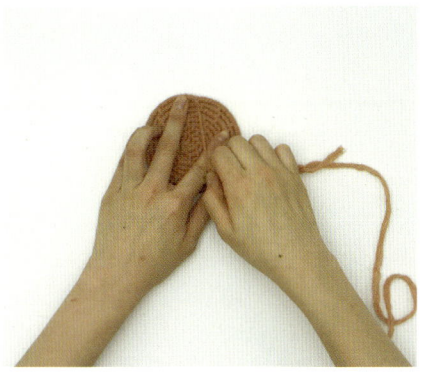

38___ 고리 안으로 바늘을 넣고 실을 빼내면 매듭지을 곳의 위치가 정해져요.

39___ 그 위치에서 다시 고리를 만들어 실을 2회 매듭지어 묶어주세요.

40___ 남는 실은 끊어주세요.

41__ 심화 코일링 코스터가 완성되었습니다. 포인트를 주기 위해 태슬을 달아볼게요.

○ 태슬 달기

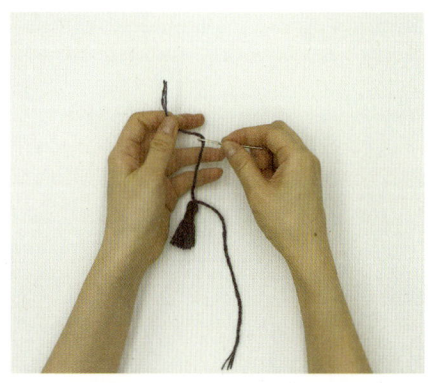

42__ 태슬 만들기(32~36p)를 참고해 태슬을 준비해주세요. 태슬에 달린 실 한쪽을 바늘귀에 꿰어주세요.

43__ 태슬을 달고 싶은 위치에 바늘을 넣고 실을 빼내주세요.

44___ 작업면을 뒤집어서 태슬에 달린 실을 2회 매듭지어 묶어주세요.

45___ 남는 실은 끊어주세요.

46___ 태슬을 단 심화 코일링 코스터가 완성되었습니다.

coiling lesson
10

스트라이프 무늬 코스터

〔 재료 〕

지끈(4mm), 가위, 돗바늘(7cm), 램스울 실(파란색, 아이보리색)

〔 완성 사이즈 〕

지름 10cm

○ 모양 만들기

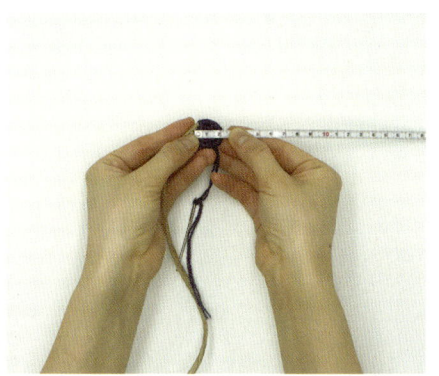

01___ 심화 코일링 모양 만들기(105~111p)를 참고해 파란색 실로 지름 2cm 크기의 심화 코일링 작업을 진행해주세요.

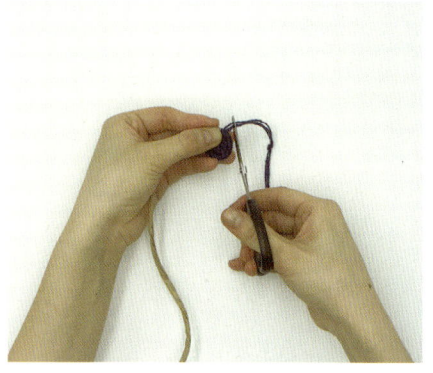

02___ 스트라이프 무늬를 만들기 위해 아이보리색 실로 교체해볼게요. 파란색 실을 짧게 끊어주세요.

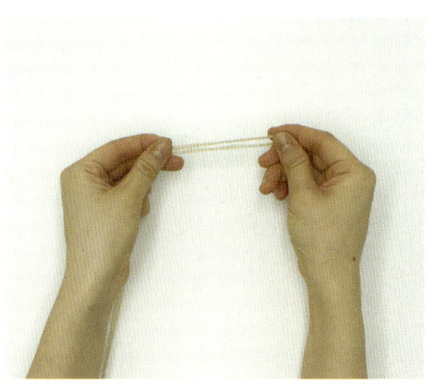

03___ 교체할 아이보리색 실을 길게 풀어 2겹으로 겹쳐 잡고 한쪽은 끊어주세요.

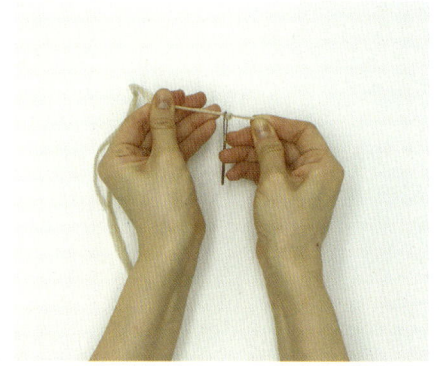

04___ 끊어낸 쪽의 실을 바늘귀에 꿰고 2회 매듭지어 묶어주세요.

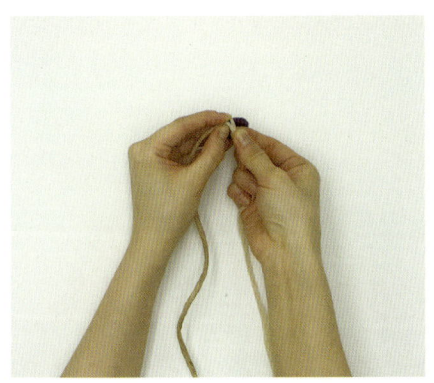

05___ 아이보리색 실 끝과 끊어낸 파란색 실 끝을 겹쳐 잡아주세요.

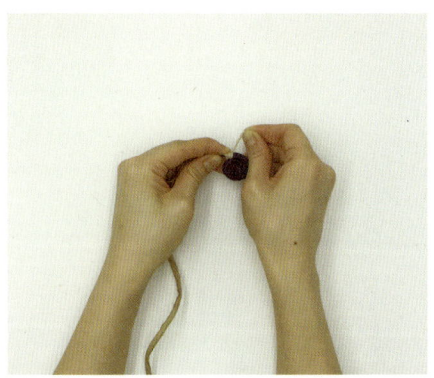

06___ 끊어낸 파란색 실이 보이지 않을 때까지 안쪽으로 실을 감으면서 내려오세요.

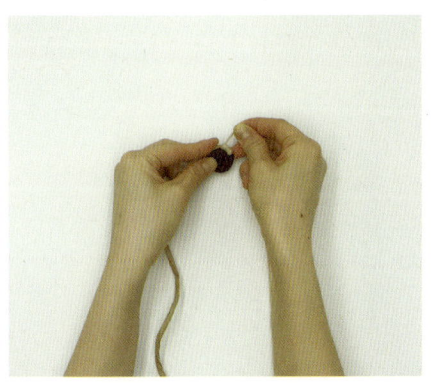

07___ 실이 연결되었다면 지끈의 안쪽으로 실을 2~3회 더 감으면서 내려오세요.

08___ 아랫단 지탱선 앞으로 바늘을 넣고 실을 빼내주세요.

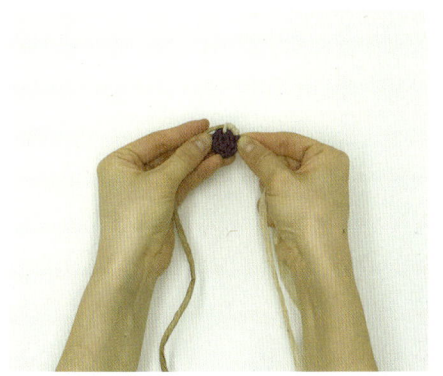

09 실 색상이 사진과 같이 변경되었는지 확인해주세요.

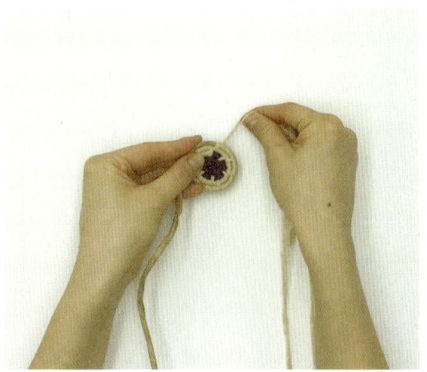

10 아이보리색 실로 심화 코일링 작업을 진행하며 크기를 두 바퀴 키워주세요.

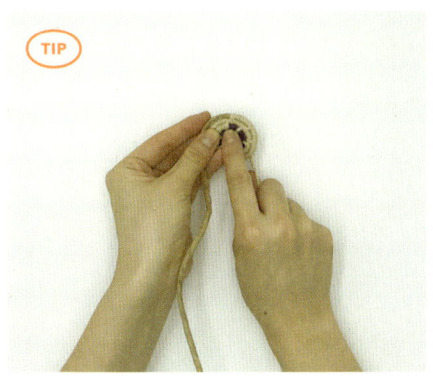

11 TIP) 실을 교체할 때 처음 색을 바꾸며 시작한 곳에 맞춰 실을 끊어주면 더 안정감 있게 작품이 완성됩니다.

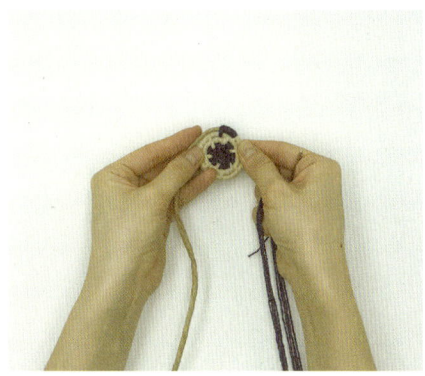

12 다시 파란색실로 교체해주세요.

13 마찬가지로 시작점과 끝점을 맞춰가며 파란색 실로 두 바퀴 크기를 키워주세요.

14 다시 아이보리색 실로 교체해 두 바퀴 크기를 키워주세요.

TIP) 시작점과 끝점은 항상 맞춰주세요.

15 다시 파란색 실로 교체해 심화 코일링 작업을 진행합니다. 이번에는 두 바퀴 크기를 키울 때 시작점의 절반까지만 실을 감아주세요.

○ 작업 마무리하기

16____ 파란색 실의 시작점에 맞춰 지끈을 사선으로 잘라주세요.

17____ 잘라낸 지끈이 보이지 않을 때까지 아랫단에 바늘을 넣고 실을 빼내주세요.

18____ 작업면을 뒤집어서 심화 코일링 마무리하기(115~117p)를 참고해 실을 매듭짓고 남는 실은 끊어주세요.

19____ 스트라이프 무늬 코스터가 완성되었습니다.

coiling lesson
11

꽃 모양 코스터

〔 재료 〕

지끈(4mm), 가위, 돗바늘(7cm), 램스울 실(카키색, 아이보리색, 하늘색)

〔 완성 사이즈 〕

지름 10cm

○ 모양 만들기

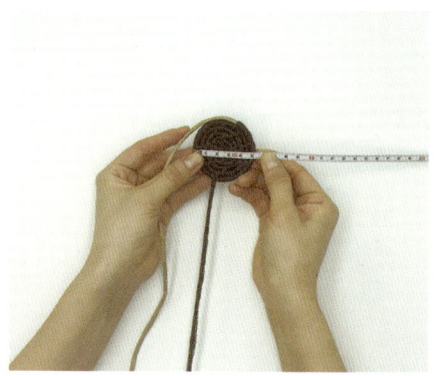

01___ 심화 코일링 모양 만들기(105~111p)를 참고해 카키색 실로 5cm 크기의 심화 코일링 작업을 진행해주세요.

02___ 심화 코일링 실 교체하기(112~114p)를 참고해 아이보리색 실로 실 색상을 교체하고 심화 코일링 작업을 진행해주세요.

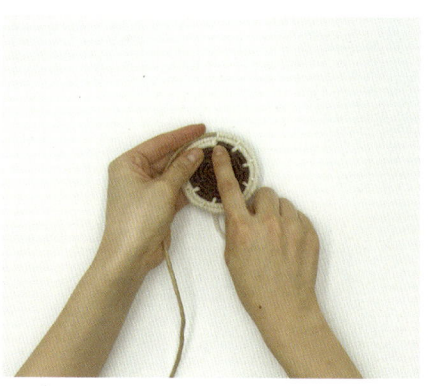

03___ 아이보리색 실로 두 바퀴 크기를 키워주세요.

TIP) 시작점과 끝점의 위치를 맞춰 끝내주세요

04___ 하늘색 실로 실을 교체해주세요.

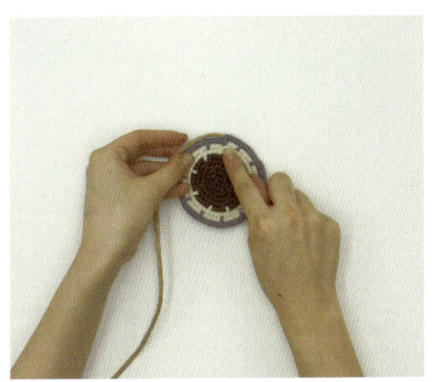

05___ 하늘색 실로 한 바퀴 크기를 키워주세요.

06___ 꽃 모양을 내기 위해 지끈의 안쪽으로 실을 20회 정도 감으면서 내려오세요. (길이 5~6cm)

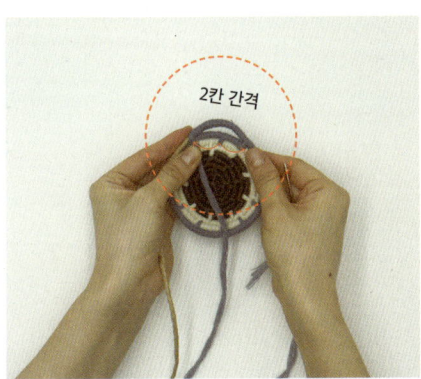

07___ 실을 감아낸 지끈을 둥글게 휘어 지탱선 2칸 간격으로 모양을 잡아주세요.

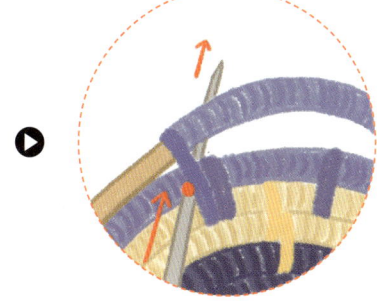

08___ 아랫단 지탱선 앞으로 바늘을 넣고 실을 빼내주세요.

09___ 과정 8을 반복해주세요.

10___ 과정 6~9를 반복하여 꽃 모양을 한 바퀴 둘러주세요.

11___ 꽃 모양을 내다 실이 모자라게 되면 실을 교체해주세요.

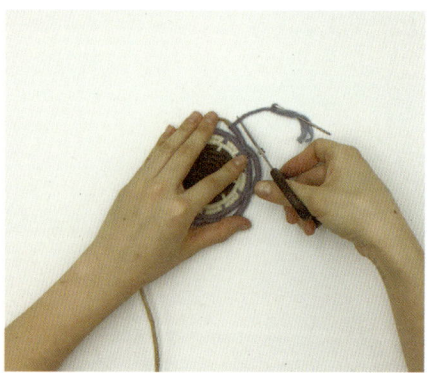

12___ 실을 짧게 끊어주세요.

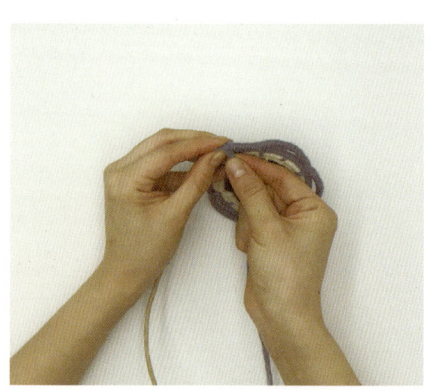

13___ 교체할 실을 바늘귀에 꿰어 2회 매듭지어 묶고 끊어낸 실과 교체할 실 끝을 서로 겹치듯 잡아 실을 감으면서 내려오세요.

14___ 5~6cm 길이로 실을 감으면서 내려오세요. 실을 감아낸 지끈을 둥글게 휘어 모양을 잡아주세요.

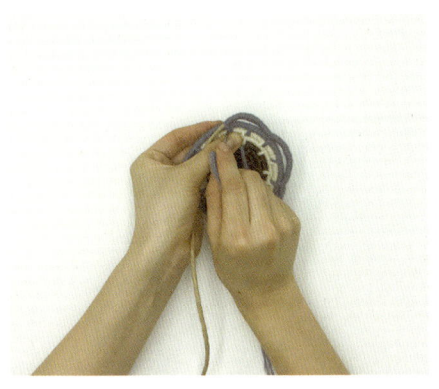 

15___ 아랫단에 있는 지탱선 앞으로 바늘을 넣고 실을 빼내주세요.

16___ 꽃 모양을 한 바퀴 둘러내 시작점까지 왔다면 작업을 마무리합니다.

○ 마무리하기

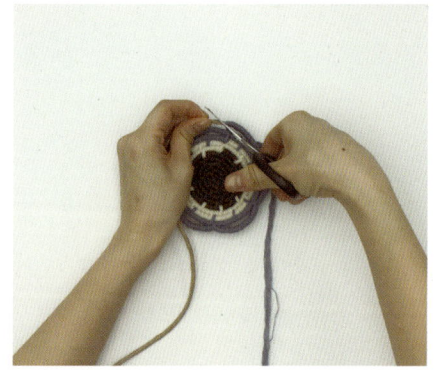

17___ 약간의 여유 길이를 두고 지끈을 사선으로 잘라주세요.

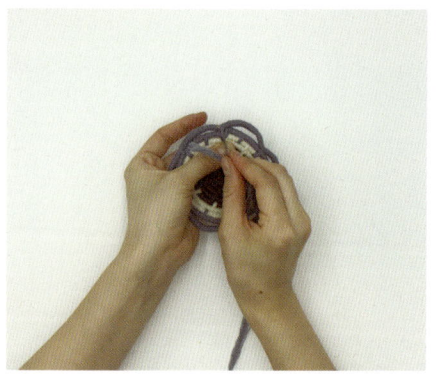

18___ 잘라낸 지끈이 보이지 않을 때까지 두 단 아래에 있는 지탱선 앞으로 바늘을 넣고 실을 빼내주세요.

19___ 과정 18을 여러 번 반복해 끊어낸 지끈이 보이지 않는지 확인해 주세요.

20___ 작업면을 뒤집어서 심화 코일링 마무리하기(115~117p)를 참고해 실을 매듭짓고 남는 실은 끊어주세요.

21___ 꽃 모양 코스터가 완성되었습니다.

coiling lesson
12

코일링 월행잉

〔 재료 〕

지끈(4mm), 가위, 돗바늘(7cm), 램스울 실(하늘색, 진그레이색, 흰색, 황토색, 파란색, 인디핑크색)

〔 완성 사이즈 〕

지름 16cm

○ 모양 만들기

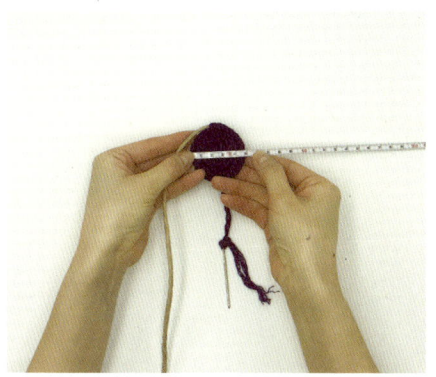

01___ 심화 코일링 모양 만들기(105~111p)를 참고해 지름 5cm 크기의 심화 코일링 작업을 진행해주세요.

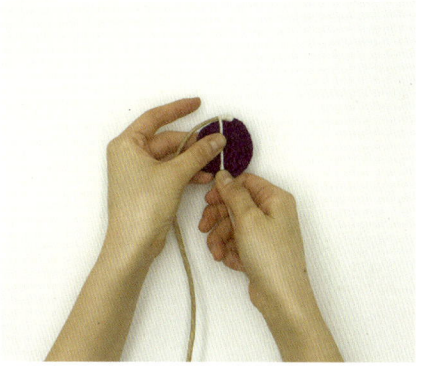

02___ 심화 코일링 실 교체하기(112~114p)를 참고해 실 색상을 교체해주세요. (파란색-아이보리색)

03___ 교체한 색상의 실로 두 바퀴 크기를 키워주세요. 시작점과 끝점의 위치를 맞춰 끝내주세요.

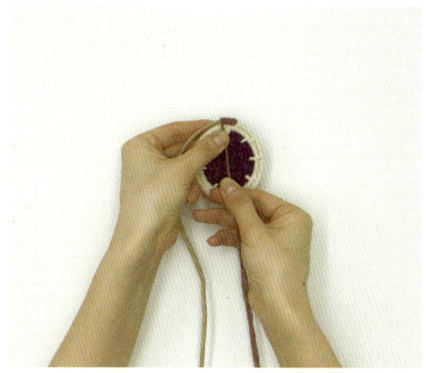

04___ 다시 실 색상을 교체해주세요. (아이보리색-진핑크색)

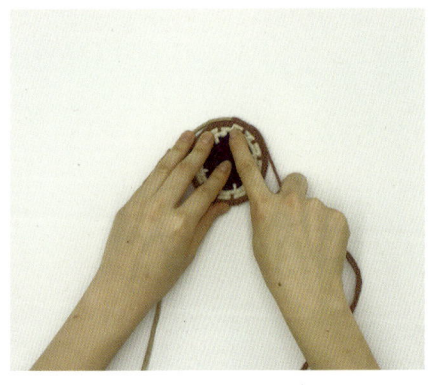

05___ 교체한 색상의 실로 한 바퀴 크기를 키워주세요. 시작점과 끝점의 위치를 맞춰 끝내주세요.

06___ 실 색상을 교체해주세요. (진핑크색-카멜색)

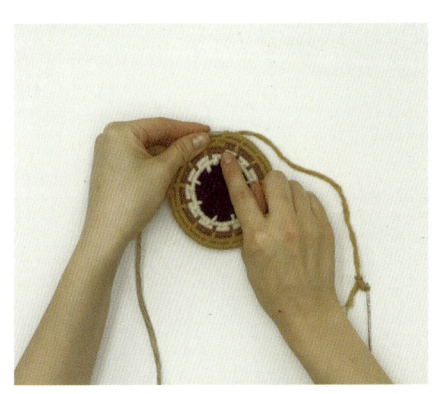

07___ 교체한 색상의 실로 두 바퀴 크기를 키워주세요. 시작점과 끝점의 위치를 맞춰 끝내주세요.

08___ 실 색상을 교체해주세요. (카멜색-베이지색)

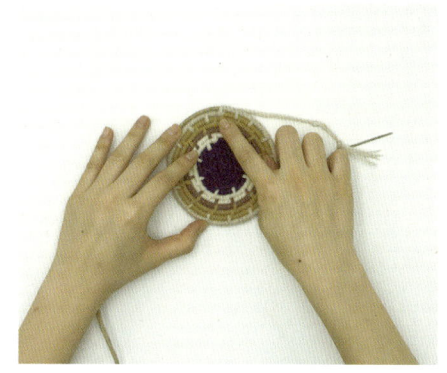

09___ 교체한 색상의 실로 한 바퀴 크기를 키워주세요. 시작점과 끝점의 위치를 맞춰 끝내주세요.

10___ 실 색상을 교체해주세요. (베이지색-진그레이색)

11___ 교체한 색상의 실로 한 바퀴 크기를 키워주세요. 시작점과 끝점의 위치를 맞춰 끝내주세요.

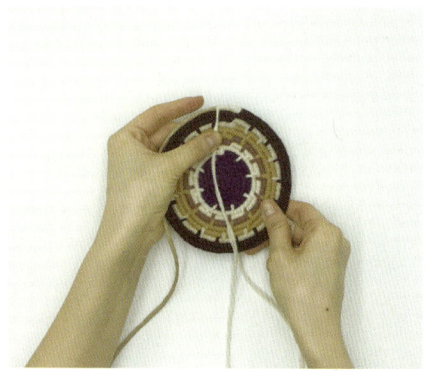

12___ 실 색상을 교체해주세요. (진그레이색-아이보리색)

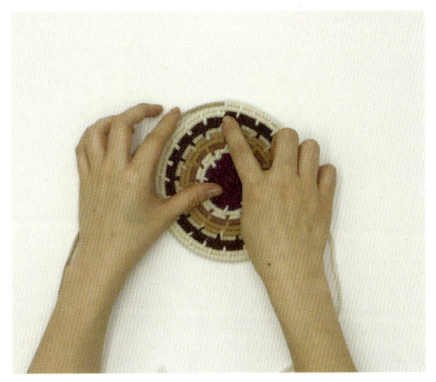

13___ 교체한 색상의 실로 두 바퀴 크기를 키워주세요. 시작점과 끝점의 위치를 맞춰 끝내주세요.

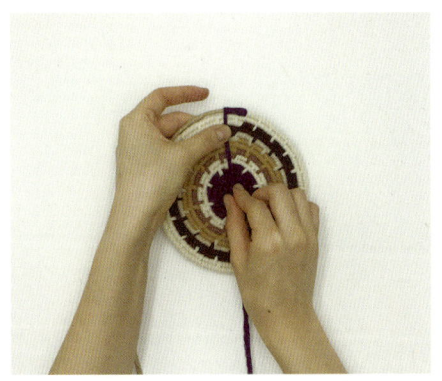

14___ 실 색상을 교체해주세요. (아이보리색-파란색)

15___ 한 바퀴 크기를 키워주세요. 시작점과 끝점의 위치를 맞춰 끝내주세요.

16___ 실 색상을 교체해주세요. (파란색-베이지색)

17___ 교체한 색상의 실로 한 바퀴 크기를 키워주세요. 시작점과 끝점의 위치를 맞춰 끝내주세요.

18___ 크기를 다 키웠다면 실을 끊고 고리를 만들어볼게요.

○ 고리 만들기

19___ 고리를 만들기 위해 8cm 길이로 지끈을 끊어주세요.

20___ 지끈을 사선으로 잘라주세요.

21___ 고리 부분에 색을 넣기 위해 카멜색으로 실을 교체해주세요.

22___ 6cm 길이로 실을 감으면서 내려오세요.

23____ 실을 감은 지끈을 둥글게 휘어 모양을 잡아주세요.

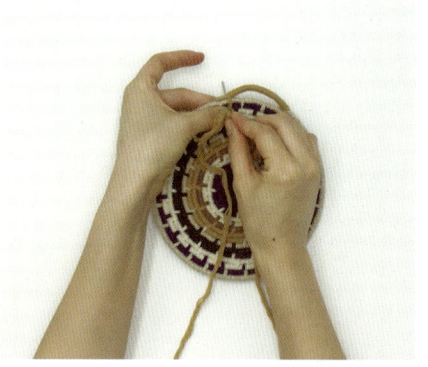

24____ 남은 지끈이 보이지 않을 때까지 아랫단 지탱선 앞으로 바늘을 넣고 실을 빼내주세요.

25____ 지끈이 보이지 않는지 확인해주세요.

○ 마무리하기

26___ 작업면을 뒤집어서 심화 코일링 마무리하기(115~117p)를 참고해 실을 매듭짓고 남는 실은 끊어 주세요.

○ 태슬 달기

27___ 태슬 만들기(32~36p)를 참고해 태슬을 준비해주세요. 태슬 달기 (118~119p)를 참고해 태슬을 달아주세요.

28___ 코일링 월행잉이 완성되었습니다.

TIP) 색상과 크기는 취향에 맞게 조절해주세요.

coiling lesson
13

단색 가렌더

〔 재료 〕

지끈(4mm), 가위, 돗바늘(7cm), 램스울 실(민트색, 흰색, 아이보리색, 카키색)

〔 완성 사이즈 〕

코일링 오브제 지름 7cm, 폼폼이 지름 3cm

○ 오브제 만들기

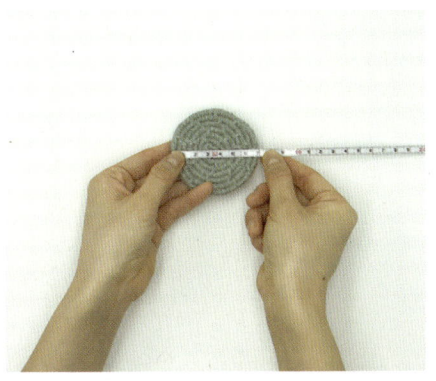

01___ 심화 코일링 코스터 만들기(105~117p)를 참고해 7cm 크기의 심화 코일링 작업을 진행해주세요.

02___ 원하는 색을 조합하여 과정 1의 심화 코일링 오브제를 4개 만들어주세요.

03___ 폼폼이 만들기(38~39p)를 참고해 폼폼이를 5개 만들어주세요.

04___ 심화 코일링 오브제와 폼폼이를 사진과 같이 배치해주세요.

TIP) 색상 배치는 자유롭게 해주세요.

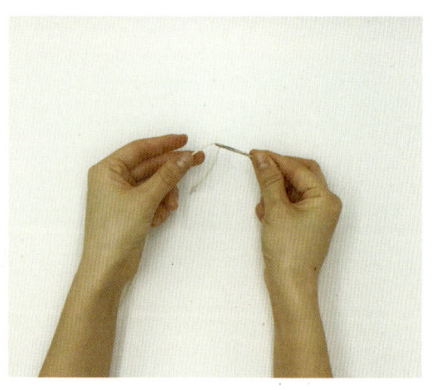

05___ 실을 길게 풀어 바늘귀에 꿰어주세요.

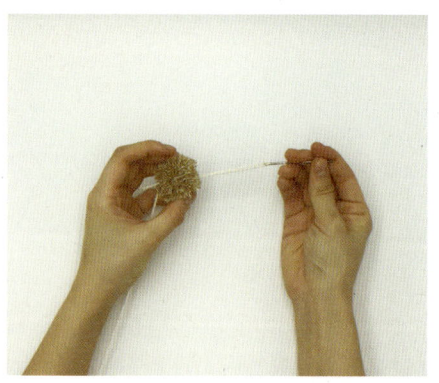

06___ 과정 4에서 배치한 순서대로 연결해볼게요. 폼폼이 사이로 바늘을 넣고 실을 쭉 빼내주세요.

07___ 다음은 심화 코일링 오브제를 연결해주세요. 지탱선을 기준으로 작업을 진행해주세요.

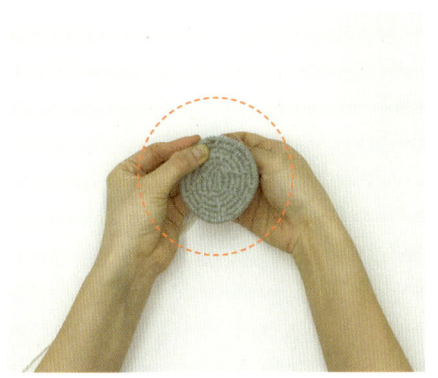 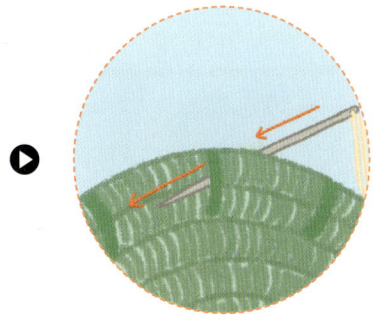

08   심화 코일링 오브제 뒷면에서 지탱선 앞으로 바늘을 넣고 실을 빼내주세요.

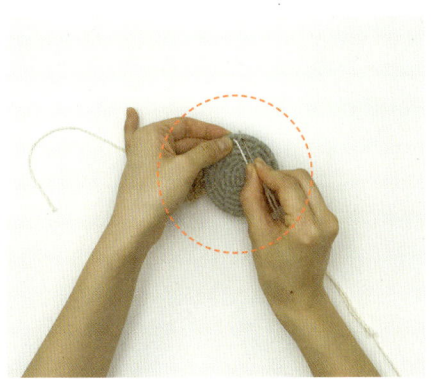 

09   같은 지탱선을 기준으로 심화 코일링 오브제의 앞면에서 지탱선 뒤로 바늘을 넣고 실을 빼내주세요.

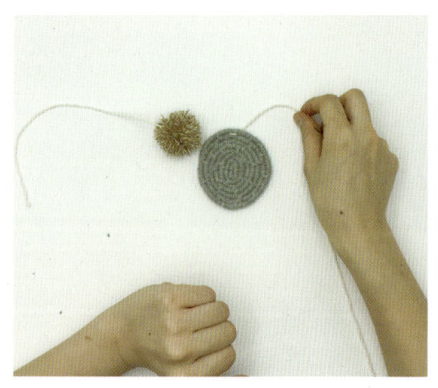

10 ___ 사진처럼 폼폼이와 심화 코일링 오브제가 연결되었는지 확인해주세요.

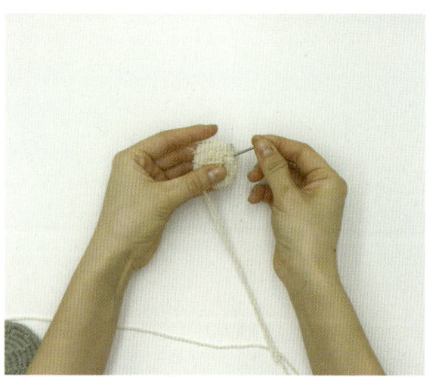

11 ___ 과정 6과 같은 방법으로 폼폼이를 연결해주세요.

12 ___ 과정 8~9와 같은 방법으로 심화 코일링 오브제를 연결해주세요.

13 ___ 모든 오브제들을 순서에 맞게 연결해주세요.

14___ 오브제들이 연결되었다면 실에서 빠져나가지 않도록 실 끝을 매듭 지어주세요.

15___ 반대편 실 끝도 마찬가지로 매듭 지어주세요.

16___ 단색 가렌더가 완성되었습니다.

TIP) 오브제의 크기와 갯수는 취향에 맞게 조절해주세요.

coiling lesson
14

엮어 만든 코일링 월행잉

〔 재료 〕

지끈(4mm), 가위, 돗바늘(7cm), 램스울 실(남색, 베이지색, 카키색, 아이보리색, 흰색, 민트색, 연보라색, 검정색, 베이지색, 베이지 화이트 혼합색), 목봉 또는 나뭇가지

〔 완성 사이즈 〕

코일링 오브제 지름 7cm, 엮은 코일링 오브제 지름 21×21cm(나뭇가지, 태슬 미포함 크기)

○ 오브제 만들기

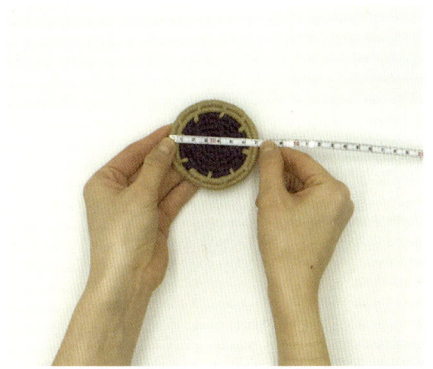

01___ 심화 코일링 만들기(105~117p)를 참고해 7cm 크기의 심화 코일링 오브제를 9개 만들어주세요.

02___ 좋아하는 색 조합으로 사진과 같이 심화 코일링 오브제를 배치해주세요. 매듭이 있는 쪽으로 뒤집어 배치해주세요.

TIP) 완성품은 좌우 대칭이 된다는 걸 감안해 배치해주세요.

○ 피스 연결하기

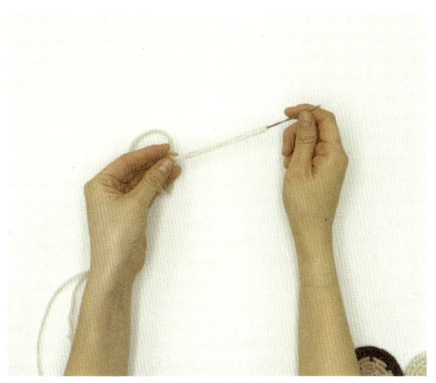

03___ 실을 길게 풀어 바늘귀에 꿰어주세요.

04___ 연결할 심화 코일링 오브제의 지탱선이 같은 위치에 있도록 배치해주세요.

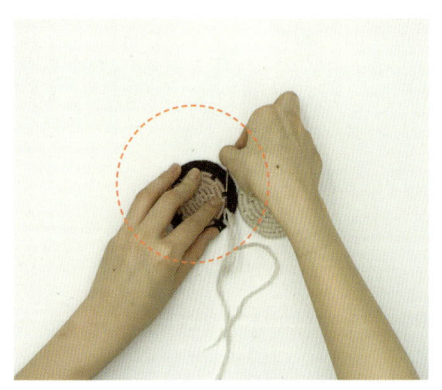
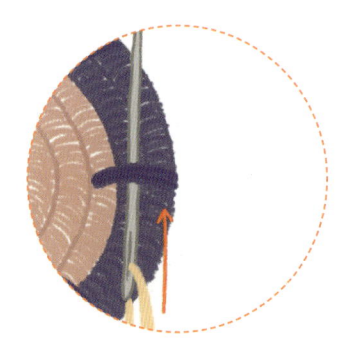

05 왼쪽 심화 코일링 오브제의 우측에 있는 지탱선에 아래에서 위로 바늘을 넣고 실을 빼내주세요.

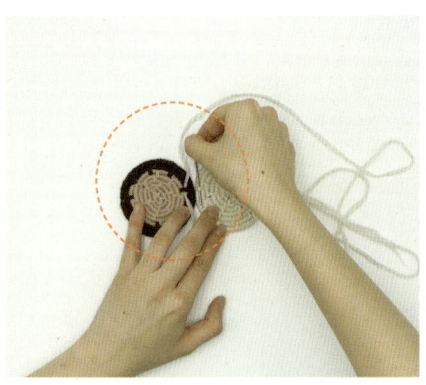
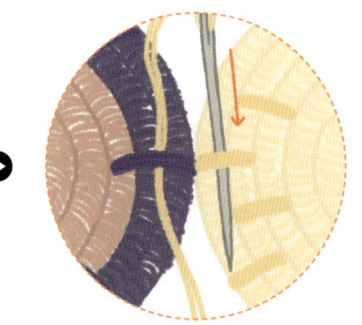

06 다음은 오른쪽 오브제의 좌측 지탱선에 위에서 아래로 바늘을 넣고 실을 빼내주세요.

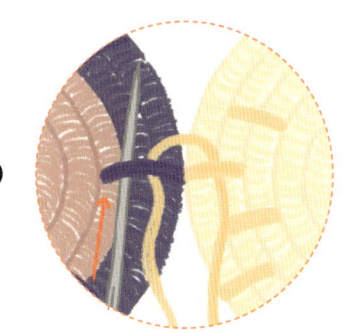

07___ 다시 왼쪽 오브제의 우측 지탱선에 아래에서 위로 바늘을 넣고 실을 빼내주세요.

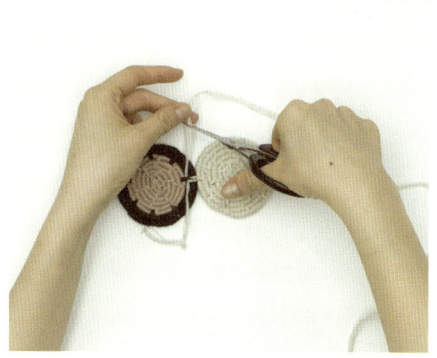

08___ 7~10cm 정도 여유 길이를 두고 실을 끊어주세요.

09___ 실을 2회 매듭지어 묶어주면 오브제가 연결됩니다.

10___ 남는 실은 끊어주세요.

11___ 다음 오브제도 과정 3~10을 참고해 연결해주세요.

12___ 아랫단에 연결할 오브제도 지탱선이 같은 위치에 있도록 배치해주세요.

13___ 아랫단 오브제도 같은 방법으로 연결해주세요.

14___ 가운데 오브제도 지탱선을 맞춰 배치해주세요.

15___ 가운데 오브제는 총 4회 연결합니다. 먼저 위에서 아래로 1회 연결해주세요.

16___ 다음은 왼쪽 오브제와 연결해주세요.

17___ 다음 오브제를 연결해볼게요. 이번 오브제는 위에 있는 오브제와 1회

18___ 왼쪽 오브제와 1회 총 2회 연결해주세요.

19___ 다음은 맨 아랫단의 첫 번째 오브제를 위쪽 오브제와 연결해주세요.

20___ 다음은 맨 아래쪽 두 번째 오브제를 연결해볼게요. 가운데 있는 오브제와 위에서 아래로 연결해주세요.

21___ 그 다음 왼쪽 오브제와 1회 연결해주세요.

22___ 마지막 오브제 역시 위에서 아래를 먼저 연결해주세요.

23___ 그 다음 왼쪽 오브제와 연결해주면 연결 작업은 모두 끝났습니다.

24___ 모든 오브제들이 잘 연결되었는지 확인해주세요.

○ 나뭇가지 또는 목봉에 오브제 연결하기

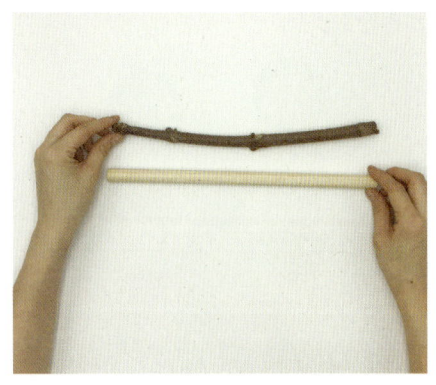

25___ 자연스러운 느낌을 원한다면 나뭇가지를 깔끔한 느낌을 원한다면 목봉을 준비해주세요.

26___ 심화 코일링 오브제를 연결할 위치를 잡아주세요. 실을 길게 풀어 바늘귀에 꿰어주세요.

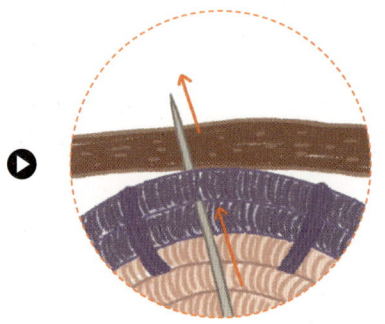

27___ 양 끝에 있는 심화 코일링 오브제에 나뭇가지를 연결해볼게요. 오브제의 윗단에 바늘을 앞에서 뒤로 넣고 실을 빼내주세요.

28___ 나뭇가지 뒤로 실을 빼내주세요.

29___ 다시 실을 앞으로 가져와 피스의 윗단에 바늘을 넣고 가지 뒤로 실을 빼내주세요. (3~4회 반복)

30___ 실은 여유 길이를 두고 끊어주세요.

31___ 꽉 묶어 2회 매듭지어주세요.

32___ 남는 실은 끊어주세요.

33___ 반대편 피스도 과정 27~32를 참고해 나뭇가지와 연결해주세요.

34___ 완성된 작품을 뒤집어 모양을 확인해주세요.

35___ 벽에 걸수 있도록 양 끝에 여유 길이의 실을 묶어주세요.

36 엮어 만든 코일링 월행잉이 완성 되었습니다.

coiling lesson
15

손잡이 컵홀더

〔 재료 〕

지끈(4mm), 가위, 돗바늘(7cm), 램스울 실(민트색, 아이보리색, 검정색, 베이지색, 인디핑크색),
손잡이 없는 컵(지름 6.5cm, 높이 13cm)

〔 완성 사이즈 〕

지름 7cm, 높이 6cm

○ 밑판 만들기

01 ― 심화 코일링 모양 만들기(105~111p)를 참고해 감싸고 싶은 컵보다 한 바퀴 크게 밑판을 만들어주세요.

TIP) 책에서는 지름 6.5cm, 높이 13cm의 컵을 사용했습니다.

○ 몸통 만들기

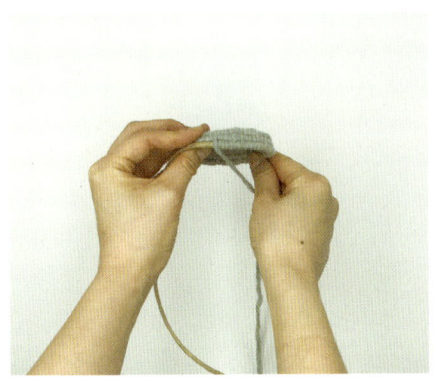 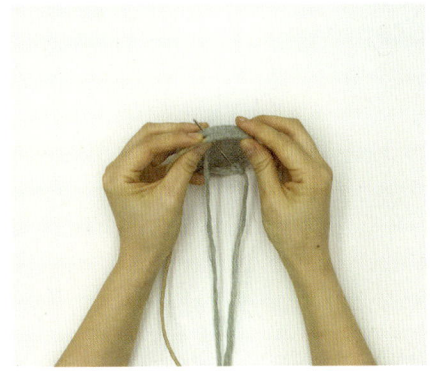

02 ― 지끈을 위로 쌓아 올리며 심화 코일링 작업을 진행해주세요.

03 ― 계속 지끈을 위로 쌓아 올리며 심화 코일링 작업을 진행해주세요.

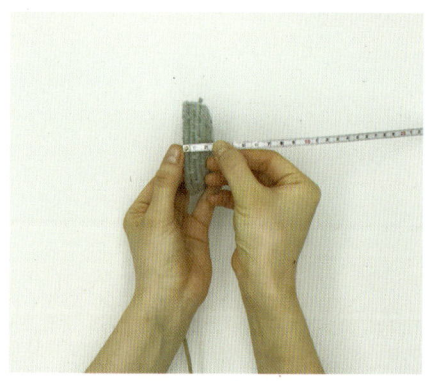

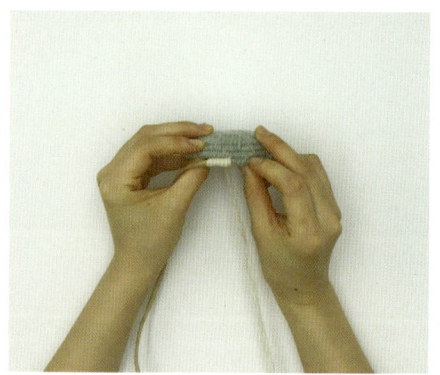

04__ 2cm 정도 높이가 쌓아졌다면 다른 색상으로 실을 교체해주세요.

05__ 심화 코일링 실 교체하기(112~114p)를 참고해 실 색상을 교체해주세요.

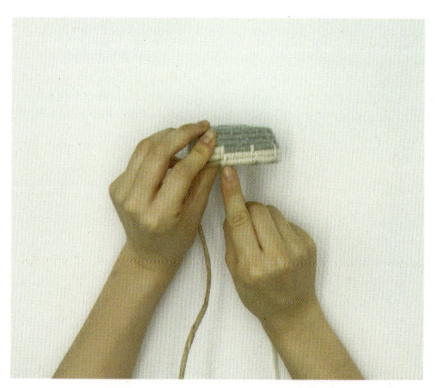

06__ 교체한 색상의 실로 두 단을 쌓아 올려주세요. 시작점과 끝점의 위치를 맞춰 끝내주세요.

07__ 실 색상을 교체해 두 단을 쌓아 올려주세요. 시작점과 끝점의 위치를 맞춰 끝내주세요.

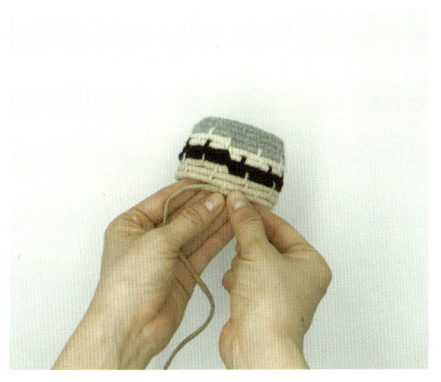

08___ 실 색상을 교체해 세 단을 쌓아 올려주세요. 시작점과 끝점의 위치를 맞춰 끝내주세요.

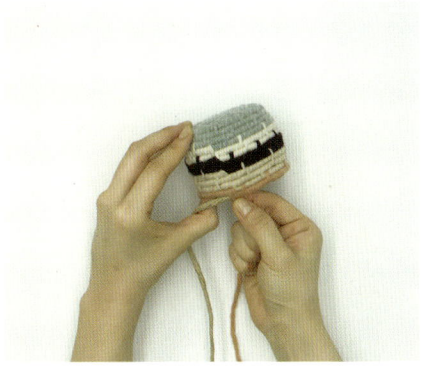

09___ 실 색상을 교체해 한 단을 쌓아 올려주세요. 시작점과 끝점의 위치를 맞춰 끝내주세요.

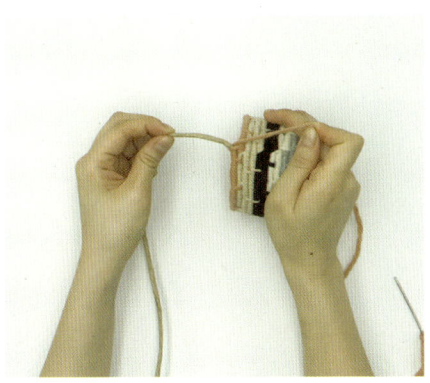

10___ 이제 손잡이를 만들어볼게요.

○ 손잡이 만들기

11___ 6cm 정도 길이의 지끈에 간격을 두어 실을 감으면서 내려오세요.

12___ 실을 감은 지끈의 길이가 6cm가 맞는지 확인해주세요.

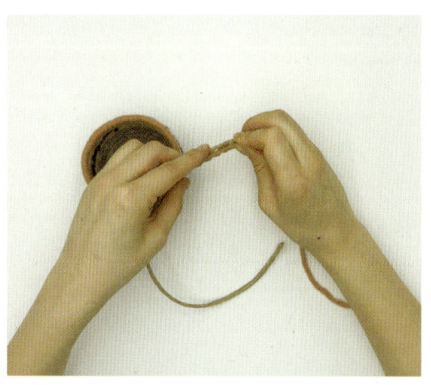

13___ 실을 감은 지끈의 길이에 맞춰 실을 감지 않은 지끈을 접어 겹쳐주세요.

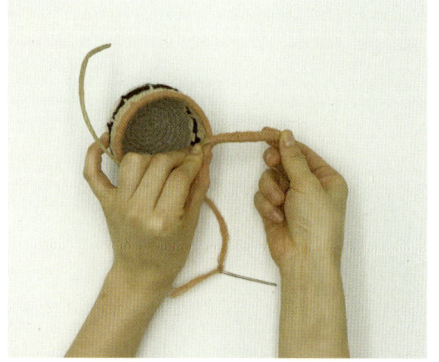

14___ 겹친 지끈을 실로 꼼꼼히 감으면서 내려오세요.

15___ 지끈을 사선으로 짧게 잘라주세요.

16___ 잘라낸 지끈이 보이지 않을 때까지 아랫단에 바늘을 넣고 실을 빼내주세요.

17___ 작업면의 안쪽에서 심화 코일링 마무리하기(115~117p)를 참고해 실을 매듭짓고 남는 실은 끊어주세요.

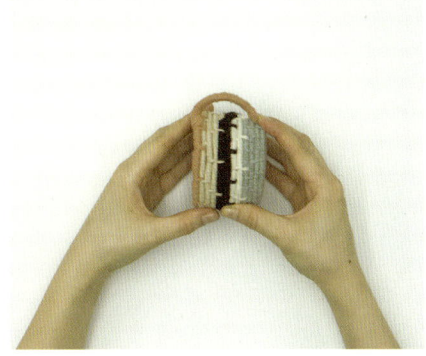

18___ 손잡이를 몸통에 연결해볼게요.

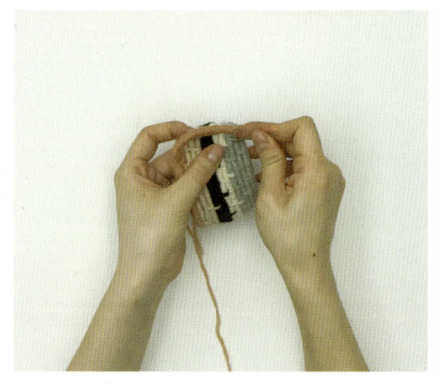

19___ 바늘귀에 실을 꿰어주세요. 손잡이를 연결할 몸통 부분의 안쪽에서 바깥쪽으로 바늘을 넣고 실을 빼내주세요.

20___ 손잡이 밑부분의 고리 사이로 바늘을 넣고 실을 빼내주세요.

21___ 다시 몸통 부분에 바늘을 넣고 실을 빼내주세요.

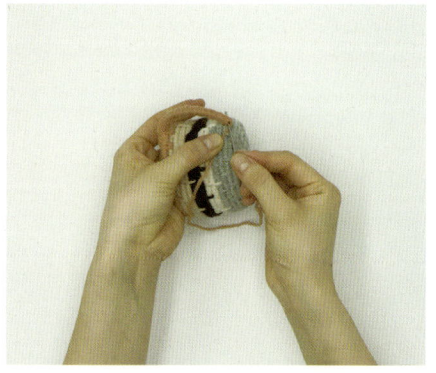

22___ 이 과정을 2~3회 반복하여 손잡이와 몸통을 단단하게 고정시켜주세요.

23___ 다시 몸통 부분에 바늘을 넣고 실을 빼내주세요.

24___ 작업면의 안쪽에서 심화 코일링 마무리하기(115~117p)를 참고해 실을 매듭짓고 남는 실은 끊어주세요.

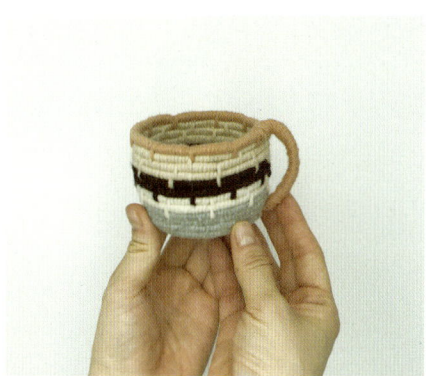

25___ 손잡이 컵홀더가 완성되었습니다.

coiling lesson
16

소품함

〔 재료 〕

지끈(4mm), 가위, 돗바늘(7cm), 램스울 실(청록색, 흰색, 남색)

〔 완성 사이즈 〕

윗지름 13cm, 밑지름 9cm, 높이 5cm

○ 밑판 만들기

01 심화 코일링 모양 만들기(105~111p)를 참고해 9cm 크기의 심화 코일링 작업을 진행해주세요.

○ 몸통 만들기

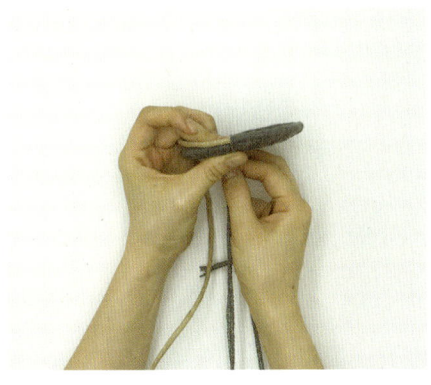

02 지끈을 위로 쌓아 올리며 심화 코일링 작업을 진행해주세요.

03 3cm 정도의 높이가 쌓아졌다면 다른 색상의 실로 교체해볼게요.

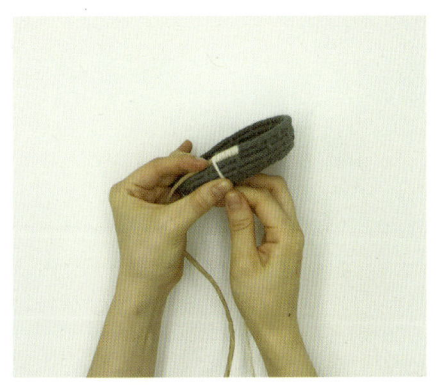

04___ 심화 코일링 실 교체하기(112~114p)를 참고해 실 색상을 교체해주세요.

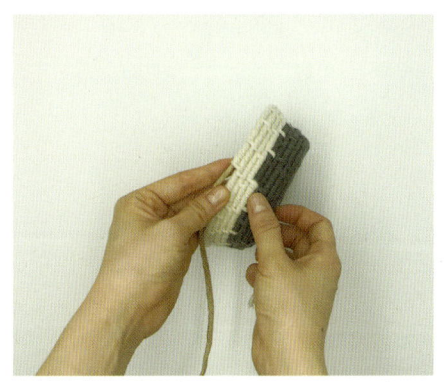

05___ 교체한 색상의 실로 네 단을 쌓아 올리며 바깥쪽으로 펼치듯 모양을 잡아 심화 코일링 작업을 진행해주세요. 시작점과 끝점의 위치를 맞춰 끝내주세요.

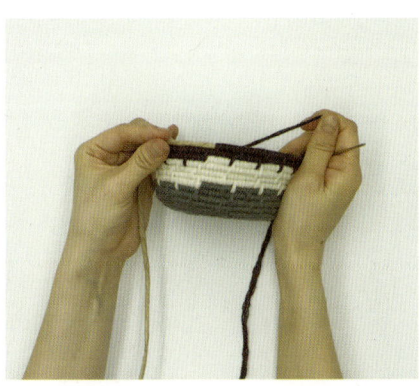

06___ 실 색상을 교체해 두 단을 쌓아 올리며 바깥쪽으로 펼치듯 모양을 잡아 심화 코일링 작업을 진행해주세요.

○ 마무리하기

07___ 지끈을 사선으로 짧게 잘라주세요.

08___ 잘라낸 지끈이 보이지 않을 때까지 아랫단에 바늘을 넣고 실을 빼내주세요.

09___ 작업면의 안쪽에서 심화 코일링 마무리하기(115~117p)를 참고해 실을 매듭짓고 남는 실은 끊어주세요.

10___ 바깥쪽으로 조금씩 펼치듯 작업해 윗지름 길이는 13cm로 밑판보다 넓게 완성되었어요.

coiling lesson
17

소품함 뚜껑

〔 재료 〕

지끈(4mm), 가위, 돗바늘(7cm), 램스울 실(베이지색, 흰색, 청록색), 글루건

〔 완성 사이즈 〕

지름 14cm, 높이 1.5cm(손잡이 미포함), 3cm(손잡이 포함)

○ 윗판 만들기

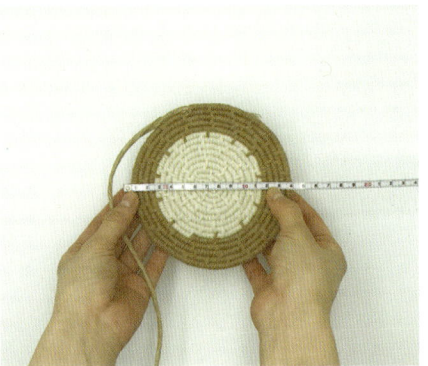

01   심화 코일링 모양 만들기(105~111p)를 참고해 14cm 크기의 심화 코일링 작업을 진행해주세요.

TIP) 170p에서 만든 소품함 윗지름보다 살짝 더 크게 만들어야 뚜껑을 덮을 수 있어요.

○ 몸통 만들기

02   지끈을 위로 쌓아 올리며 심화 코일링 작업을 진행해주세요.

03   지끈을 위로 쌓아 올리며 2cm 높이로 심화 코일링 작업을 진행해주세요.

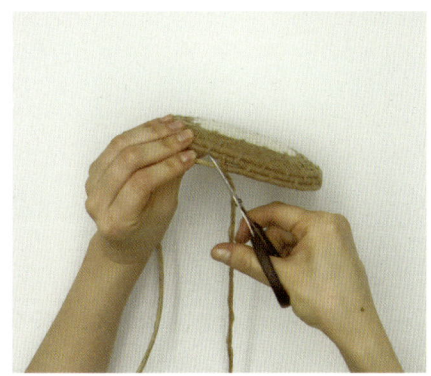

04____ 지끈을 사선으로 짧게 잘라주세요.

05____ 작업면의 안쪽에서 심화 코일링 마무리하기(115~117p)를 참고해 실을 매듭짓고 남는 실은 끊어주세요.

06____ 뚜껑이 완성되었어요. 손잡이를 만들어 연결해볼게요.

○ 손잡이 만들기

07___ 15cm 정도 길이로 지끈을 잘라 준비해주세요. 한쪽 끝은 사선으로 잘라주세요.

08___ 뚜껑에 손잡이를 연결한 위치를 정해주세요.

09___ 뚜껑의 바깥쪽에서 안쪽으로 사선으로 잘라낸 지끈을 4cm 길이로 넣어주세요.

10___ 손잡이를 감아줄 색의 실을 바늘 귀에 꿰어주세요.

11___ 지끈을 넣은 곳에 바늘을 넣고 지끈보다 조금 길게 실을 빼내주세요.

12___ 바늘귀에서 실을 빼주세요.

13___ 뚜껑 바깥쪽에서 지끈에 실을 감으며 내려오세요.

14___ 손잡이를 만들고 싶은 길이만큼 실을 감아주세요.

15___ 지끈을 사선으로 잘라주세요.

16___ 사선으로 자른 지끈을 뚜껑 안쪽으로 넣어주세요.

17___ 바늘귀에 손잡이를 감던 실을 꿰어주세요. 지끈을 빼낸 위치에 바늘을 넣고 실을 빼내주세요.

18___ 사진과 같이 완성되었는지 확인해주세요.

19 뚜껑 안쪽도 사진과 같이 완성되었는지 확인해주세요.

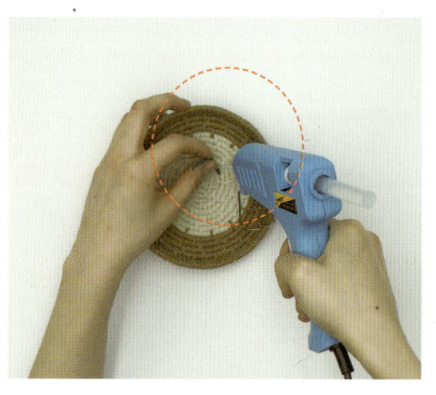 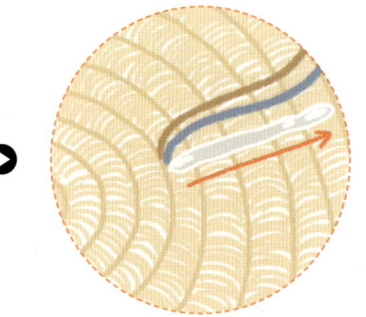

20 뚜껑 안쪽에 나와 있는 지끈과 실을 글루건으로 고정시켜주세요.

 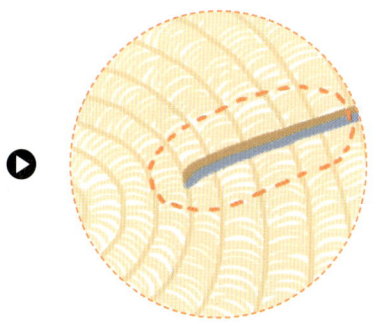

21___ 지끈과 실을 꽉 눌러 뚜껑 안쪽에 잘 붙여주세요.

22___ 붙이고 남은 지끈과 실은 가위로 잘라 정리해주세요.

23___ 소품함 뚜껑이 완성되었습니다.

TIP) 170p에서 만든 소품함에 뚜껑을 덮어 연출해보세요.

coiling lesson
18

유에프오 볼

〔 재료 〕

지끈(4mm), 가위, 돗바늘(7cm), 램스울 실(갈색, 베이지색, 파란색, 베이지 화이트 혼합색)

〔 완성 사이즈 〕

윗지름 16cm, 밑지름 9cm, 높이 6cm

○ 밑판·몸통 만들기

01 ___ 소품함 만들기(171~172p)를 참고해 5cm 높이의 심화 코일링 작업을 진행해주세요.

02 ___ 심화 코일링 실 교체하기(112~114p)를 참고해 실 색상을 교체해주세요. 지끈을 바깥쪽으로 펼치며 심화 코일링 작업을 진행해주세요.

03 ___ 지끈을 바깥쪽으로 펼치며 두 바퀴 크기를 키워주세요. 시작점과 끝점의 위치를 맞춰 끝내주세요.

04 ___ 실 색상을 교체해 두 바퀴 크기를 키우며 심화 코일링 작업을 진행해주세요. 시작점과 끝점의 위치를 맞춰 끝내주세요.

05___ 다시 실 색상을 교체해 두 바퀴 크기를 키워주세요. 시작점과 끝점의 위치를 맞춰 끝내주세요.

○ 마무리하기

06___ 지끈을 사선으로 짧게 잘라주세요.

07___ 잘라낸 지끈이 보이지 않을 때까지 아랫단에 바늘을 넣고 실을 빼내주세요. (3~4회 반복)

08___ 작업면의 안쪽에서 심화 코일링 마무리하기(115~117p)를 참고해 실을 매듭짓고 남는 실은 끊어 주세요.

09___ 유에프오 볼이 완성되었습니다.

coiling lesson
19

한 겹 손잡이 바구니

〔 재료 〕

지끈(4mm), 가위, 돗바늘(7cm), 램스울 실(카멜색, 베이지색, 차콜그레이색)

〔 완성 사이즈 〕

지름 9cm, 높이 5cm

○ 밑판·몸통 만들기

01__ 소품함 만들기(171~172p)를 참고해 5cm 높이의 심화 코일링 작업을 진행해주세요.

○ 손잡이 만들기

02__ 손잡이를 만들 지끈의 안쪽으로 실을 20회 정도 감으면서 내려오세요.

03__ 실을 감아낸 지끈을 둥글게 휘어 손잡이 모양을 잡아주세요.

04___ 아랫단에 바늘을 넣고 실을 빼내주세요.

05___ 반대편 손잡이를 만들 부분까지 심화 코일링 작업을 진행해주세요.

06___ 손잡이를 만들 지끈의 안쪽으로 실을 20회 정도 감으면서 내려오세요.

07___ 실을 감아낸 지끈을 둥글게 휘어 손잡이 모양을 잡아주고 아랫단에 바늘을 넣고 실을 빼내주세요.

○ 마무리하기

08____ 지끈을 사선으로 짧게 잘라주세요.

09____ 잘라낸 지끈이 보이지 않을 때까지 아랫단에 바늘을 넣고 실을 빼내주세요.

10____ 작업면의 안쪽에서 심화 코일링 마무리하기(115~117p)를 참고해 실을 매듭짓고 남는 실은 끊어주세요.

11____ 한 겹 손잡이 바구니가 완성되었습니다.

coiling lesson
20

꽃 모양 손잡이 바구니

〔 재료 〕

지끈(4mm), 가위, 돗바늘(7cm), 램스울 실(남색, 흰색, 연갈색)

〔 완성 사이즈 〕

지름 9cm, 높이 6cm

○ 몸통 만들기

01 소품함 만들기(171~172p)를 참고해 5cm 높이의 심화 코일링 작업을 진행해주세요.

TIP) 색상 배치와 볼의 크기는 원하는 대로 변형해주세요.

○ 손잡이 만들기

02 손잡이를 만들 지끈의 안쪽으로 실을 20회 정도 감으면서 내려오세요.

2칸 간격

03 실을 감아낸 지끈을 둥글게 휘어 지탱선 2칸 간격으로 손잡이 모양을 잡아주세요.

04___ 두 단 아래에 있는 지탱선에 바늘을 넣고 실을 빼내주세요.

05___ 다음 모양도 마찬가지로 지끈에 20회 실을 감으며 내려오고 지끈을 둥글게 휘어 두 단 아래에 있는 지탱선에 바늘을 넣고 실을 빼내주세요.

06___ 과정 2~4를 반복해 꽃 모양이 한 바퀴 둘러지도록 작업해주세요.

○ 마무리하기

07___ 지끈을 사선으로 짧게 잘라주세요. 잘라낸 지끈이 보이지 않을 때까지 아랫단 지끈에 바늘을 넣고 실을 빼내주세요.

08___ 작업면의 안쪽에서 심화 코일링 마무리하기(115~117p)를 참고해 실을 매듭짓고 남는 실은 끊어주세요.

09___ 꽃 모양 손잡이 바구니가 완성되었습니다.

coiling lesson
21

두 겹 손잡이 바구니

〔 재료 〕

지끈(4mm), 가위, 돗바늘(7cm), 램스울 실(남색, 베이지색, 연갈색)

〔 완성 사이즈 〕

지름 9cm, 높이 5cm

○ 몸통 만들기

01 ___ 소품함 만들기(171~172p)를 참고해 5cm 높이의 심화 코일링 작업을 진행해주세요.

○ 손잡이 만들기

02 ___ 6cm 정도 길이의 지끈에 간격을 두어 실을 감아주세요.

03 ___ 실을 감은 지끈을 둥글게 휘어 모양을 잡고 아랫단에 바늘을 넣고 실을 빼내주세요.

04___ 반대편 손잡이를 만들 부분까지 심화 코일링 작업을 진행해주세요.

05___ 6cm 정도 길이의 지끈에 간격을 두어 실을 감아주세요.

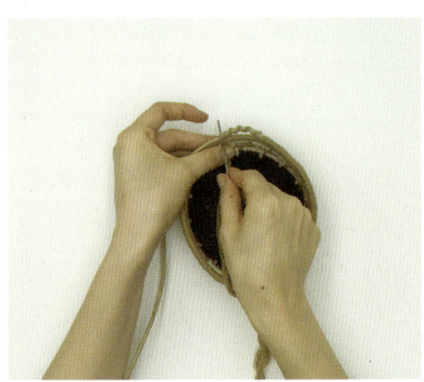

06___ 지끈을 둥글게 휘어 모양을 잡고 아랫단에 바늘을 넣고 실을 빼내주세요. 손잡이를 만든 위치까지 심화 코일링 작업을 진행해주세요.

 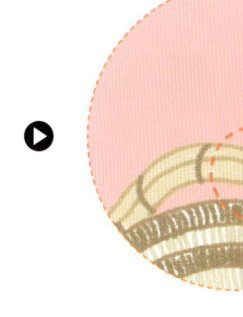

07___ 손잡이에 지끈을 겹쳐 잡아 바늘을 넣고 실을 감으면서 내려오세요.

08___ 손잡이를 겹칠 땐 사진처럼 지끈에 실을 꼼꼼하게 감아주세요.

09___ 아랫단에 바늘을 넣고 실을 빼내 주세요.

10___ 반대편 손잡이까지 심화 코일링 작업을 진행해주세요.

11___ 반대편 손잡이 역시 지끈을 겹쳐 잡아 바늘을 넣고 실을 꼼꼼하게 감으면서 내려오세요.

12___ 아랫단에 바늘을 넣고 실을 빼내 주세요.

13___ 손잡이가 완성됐다면 189p를 참고해 작업을 마무리합니다.

14___ 두 겹 손잡이 바구니가 완성되었습니다.

chapter 3

처음 만나는 코일링

심화 코일링 응용

coiling lesson
22

나뭇잎 오브제

〔 재료 〕

지끈(4mm), 가위, 돗바늘(7cm), 램스울 실(연두색)

〔 완성 사이즈 〕

가로 8cm(가장 넓은 부분), 세로 12cm

○ 모양 만들기

01___ 심화 코일링 모양 만들기(105~111p)를 참고해 지름 7cm 크기의 심화 코일링 작업을 진행해주세요.

02___ 지끈에 실을 8회 감으면서 내려오세요.

TIP) 심화 코일링에서 기본으로 작업했던 것보다 감는 횟수가 조금 더 많아요.

03___ 작업면을 좌우로 뒤집어주세요.

04___ 지끈을 뒤로 바짝 꺾어 접어주세요.

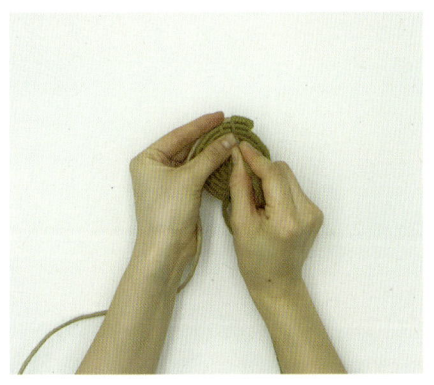

05___ 아랫단에 바늘을 넣고 실을 빼내주세요.

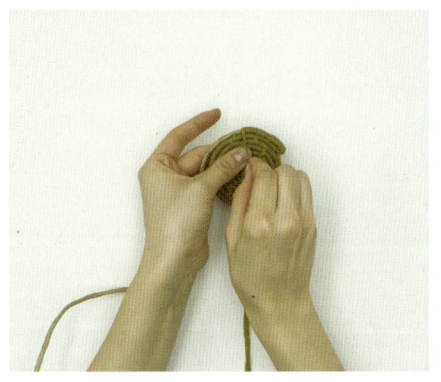

06___ 다시 지끈에 실을 8회 감으면서 내려오세요. 아랫단에 바늘을 넣고 실을 빼내주세요.

07___ 과정 6을 반복해주세요. 심화 코일링으로 만든 지름 7cm 크기의 원형이 절반 정도 덮이도록 작업을 진행해주세요.

08___ 다시 지끈에 실을 8회 감으면서 내려오세요.

09＿＿ 작업면을 좌우로 뒤집어 방향을 바꿔주세요.

10＿＿ 지끈을 뒤로 바짝 꺾어 접어주세요.

11＿＿ 아랫단에 바늘을 넣고 실을 빼 내주세요.

12＿＿ 다시 과정 6을 반복해주세요. 이 번에는 아랫단 길이보다 3~4cm 짧게 작업을 진행해주세요.

13 다시 지끈에 실을 8회 감으면서 내려오세요.

14 작업면을 좌우로 뒤집어 방향을 바꾸고 실이 감긴 지끈을 뒤로 바짝 꺾어 접어주세요.

TIP) 아랫단의 길이보다 짧은 지점에서 꺾어야 자연스럽게 모양이 잡혀요.

15 아랫단에 바늘을 넣고 실을 빼내 주세요.

16 다시 과정 6을 반복해주세요. 아랫단 길이보다 조금 짧게 작업을 진행해주세요. 다시 지끈에 실을 8회 감으면서 내려오세요.

17__ 작업면을 좌우로 뒤집어 방향을 바꾸고 실이 감긴 지끈을 아랫단보다 짧게 꺾어주세요.

18__ 아랫단에 바늘을 넣고 실을 빼내주세요.

19__ 과정 16~17을 계속 반복하며 단을 올려 나뭇잎 모양을 만들어주세요.

TIP) 단을 쌓아 올리면서 실을 감는 횟수를 조절해 모양을 잡아주세요.

20__ 나뭇잎 모양이 잡혔다면 작업을 마무리합니다.

○ 마무리하기

21___ 지끈을 사선으로 짧게 잘라주세요.

22___ 잘라낸 지끈이 보이지 않을 때까지 아랫단에 바늘을 넣고 실을 빼내주세요.

23___ 작업면을 뒤집어서 심화 코일링 마무리하기(115~117p)를 참고해 실을 매듭짓고 남는 실은 끊어주세요.

24___ 나뭇잎 오브제가 완성되었습니다.

TIP) 크기를 크게 만들어 코스터로 사용하거나 작게 만들어서 브로치로 사용해보세요.

coiling lesson
23

꽃 오브제

〔 재료 〕
지끈(4mm), 가위, 돗바늘(7cm), 램스울 실(연보라색)

〔 완성 사이즈 〕
지름 7cm(가장 넓은 부분)

○ 모양 만들기

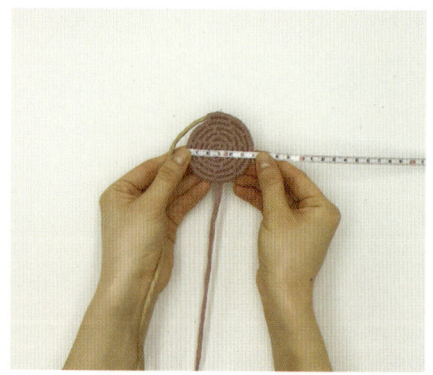

01 ___ 심화 코일링 모양 만들기(105~111p)를 참고해 6cm 크기의 심화 코일링 작업을 진행해주세요.

TIP) 작업 크기는 완성하고 싶은 꽃 오브제의 크기에 따라 조절이 가능해요.

02 ___ 지끈에 실을 20회 감으면서 내려오세요.

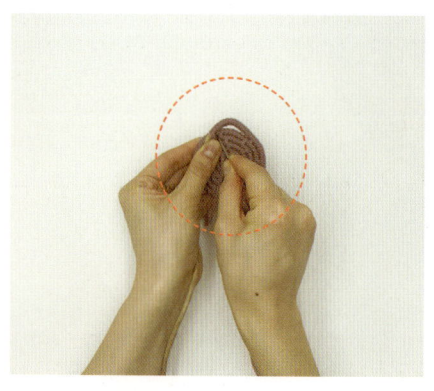

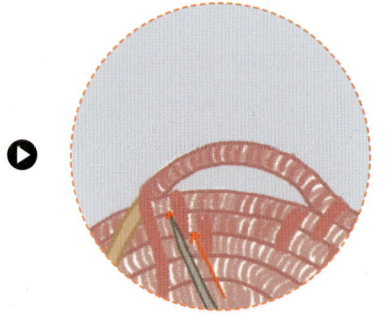

03 ___ 실을 감아낸 지끈을 둥글게 휘어 안쪽으로 당겨 아랫단 지탱선 앞으로 바늘을 넣고 실을 빼내주세요.

04___ 사진과 같이 모양이 잡혔는지 확인해주세요.

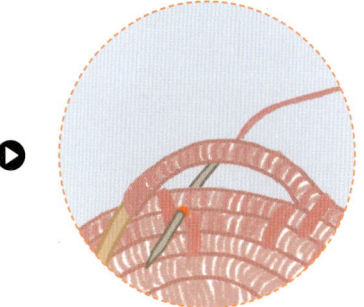

05___ 과정 3의 지탱선 뒤로 바늘을 넣고 실을 빼내주세요.

06___ 고정이 잘 되었는지 확인해주세요.

07___ 과정 2~5를 반복해주세요.

08___ 한 바퀴 둘러내 모양을 잡아주세요.

09___ 지끈에 실을 감는 횟수를 줄여나가 볼게요. 지끈에 실을 18회 감으면서 내려오세요.

TIP) 실을 감는 횟수는 작업물의 모양을 보고 조절해주세요.

10 ── 안쪽으로 지끈을 당겨 고정시켜 볼게요. 실을 감은 지끈의 휘어진 모양을 보고 안쪽에 적당한 위치를 잡아주세요.

11 ── 마찬가지로 아랫단 지탱선 앞으로 바늘을 넣고 실을 빼내주세요.

12 ── 같은 지탱선 뒤로 바늘을 넣고 실을 빼내주세요.

13 ── 과정 9~12를 반복해주세요.

14__ 과정을 반복하며 안쪽으로 지끈을 고정시켜 꽃 모양이 만들어지도록 작업을 진행해주세요.

15__ 지끈에 실을 감는 횟수를 조금씩 줄이며 작업을 진행해주세요.

16__ 안쪽으로 지끈이 고정되며 꽃 모양이 잡히고 있는지 확인해주세요.

17__ 꽃 모양이 잡혔다면 작업을 마무리합니다.

○ 마무리하기

18__ 마무리할 지끈을 확인해주세요.

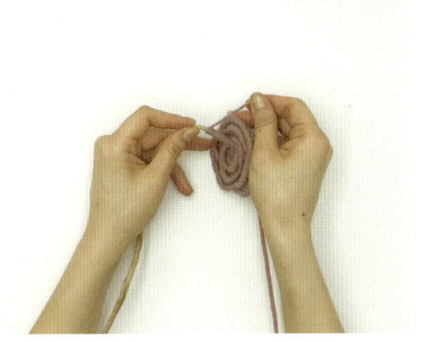

19__ 지끈에 실을 10회 감으면서 내려오세요.

20__ 약간의 여유 길이를 두고 지끈을 사선으로 잘라주세요.

21__ 사선으로 자른 지끈의 끝을 안쪽으로 휘어 모양을 잡아주세요.

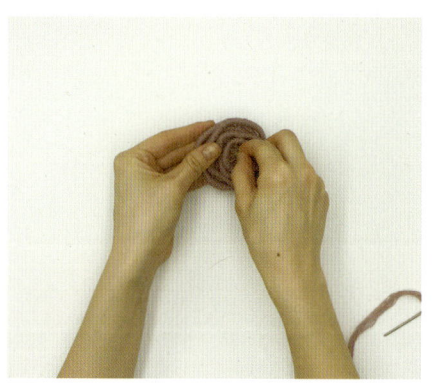

22 밑판의 틈 사이로 지끈을 찔러 넣어 빼내주세요.

23 앞에서 보면 이런 모양이 나와요.

24 작업면을 뒤집어 보면 지끈이 튀어나와 있는 형태가 됩니다.

25 다시 작업면을 앞으로 뒤집어 지끈을 통과시킨 위치에 바늘을 넣고 실을 빼내주세요.

26___ 다시 작업면을 뒤집어 보면 지끈과 실이 모두 뒤로 빠져 나와 있어요.

27___ 빠져나온 지끈과 실에 여유 길이를 두고 잘라주세요.

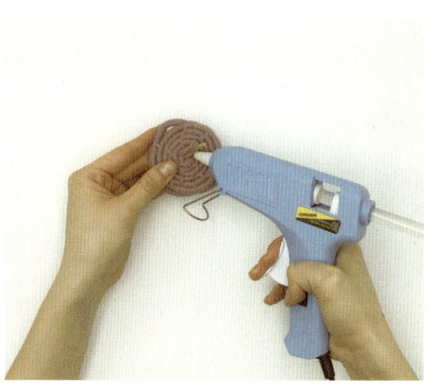

28___ 작업면에 글루건을 쏴주세요.

29___ 지끈과 실을 꾹 눌러 붙여주세요.

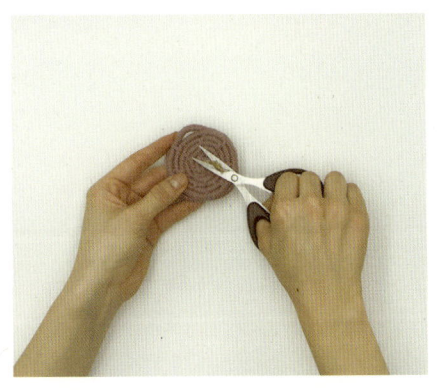 

30___ 붙이고 남는 지끈과 실은 잘라내 정리해주세요.

31___ 꽃 오브제가 완성되었습니다.

TIP) 핀을 부착해 브로치로 활용해보세요.

coiling lesson
24

구 오브제

───────────────── ─────────────────

〔 재료 〕

지끈(4mm), 가위, 돗바늘(7cm), 램스울 실(검정색)

〔 완성 사이즈 〕

지름 4cm

○ 모양 만들기

01___ 심화 코일링 모양 만들기(105~111p)를 참고해 심화 코일링 첫 모양에 한 바퀴 둘러낸 형태를 만들어주세요.

02___ 지끈에 실을 5회 감으면서 내려오세요.

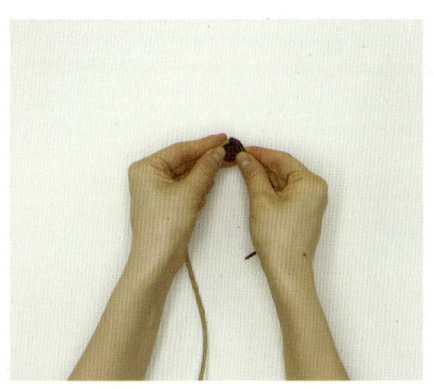

03___ 지끈을 옆이 아닌

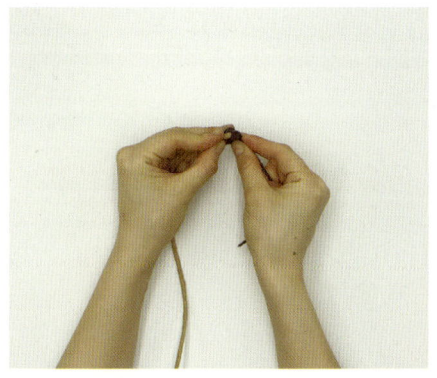

04___ 위로 살짝 쌓아 올리며 모양을 잡아주세요.

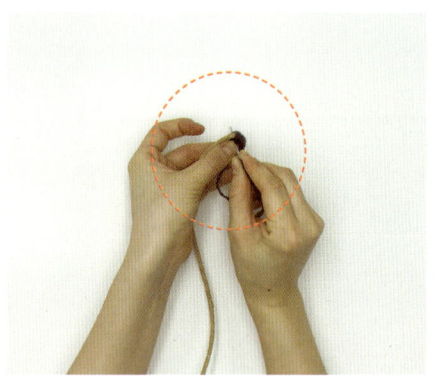

05___ 지끈이 바깥으로 살짝 펼쳐지게 겹쳐 잡고 아랫단에 바늘을 넣고 실을 빼내주세요.

06___ 지끈에 실을 5회 감으면서 내려오세요.

07___ 지끈이 바깥으로 살짝 펼쳐지게 겹쳐 잡고

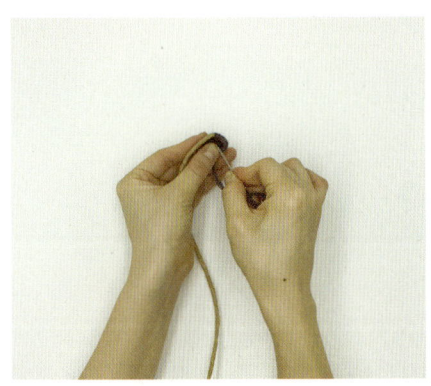

08___ 아랫단에 바늘을 넣고 실을 빼내 주세요.

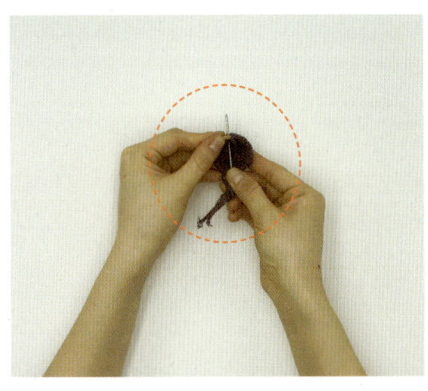 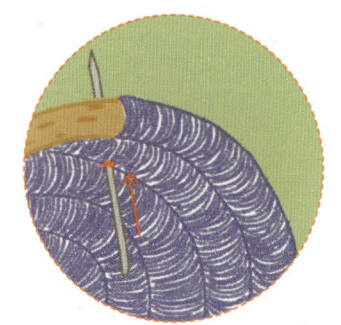

09___ 계속 바깥쪽으로 지끈을 조금씩 펼치며 지끈을 쌓아 올려주세요.

10 중간 중간 손으로 모양을 잡으며 작업을 진행해주세요.

11 조금 더 단을 올려볼게요.

12 바깥에서 보면 사진과 같은 모양이 되어야 해요.

13 윗지름 크기가 4cm가 되면 이제 안쪽으로 오므리며 작업을 진행합니다.

TIP) 좀 더 큰 구 오브제를 만들고 싶다면 윗지름을 더 크게 만들어주세요.

14___ 단을 쌓아 올릴 때 지끈을 살짝 안으로 오므리며 작업을 진행해주세요.

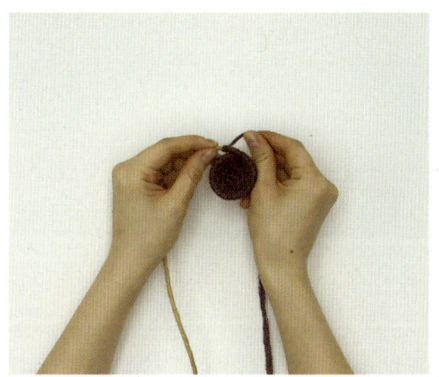

15___ 지끈에 실을 5회 감으면서 내려오세요.

16___ 지끈을 살짝 안으로 오므리며 쌓아 올려 모양을 잡은 뒤

17___ 아랫단에 바늘을 넣고 실을 빼내주세요.

18___ 단을 쌓아 올리며 조금씩 안쪽으로 오므려 심화 코일링 작업을 진행해주세요.

19___ 작업을 진행하다 보면 점점 윗지름의 크기가 작아집니다.

20___ 바늘이 들어갈 수 있을 때까지는 윗지름 크기를 줄이며 계속 작업을 진행해주세요.

21___ 윗지름이 4cm〉1cm로 많이 줄어들었어요.

22 ___ 윗지름이 너무 작아져 바늘이 들어가기 힘들어지면 작업을 마무리합니다.

○ 마무리하기

23 ___ 지끈에 실을 15회 감으면서 내려오세요.

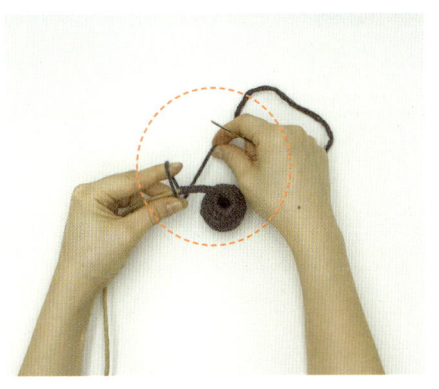 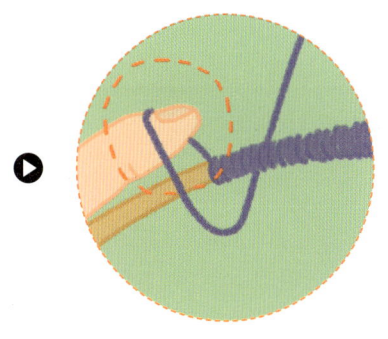

24___ 마지막 실을 감을 때 손가락을 실 사이에 넣어 고리를 만들어주세요.

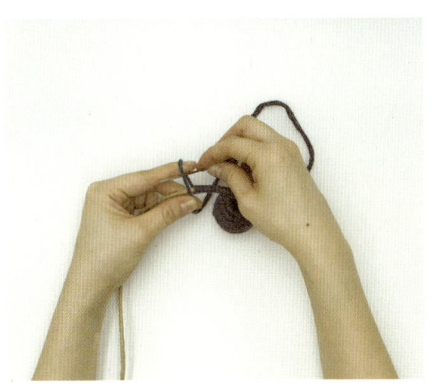

25___ 고리 안으로 바늘을 넣고

26___ 실을 빼내 매듭을 지어줍니다.

27___ 다시 고리를 만들어 고리 안으로 바늘을 넣고

28___ 실을 빼내 매듭을 지어주세요.

29___ 남는 지끈과 실은 여유 길이를 두고 사선으로 잘라주세요.

30___ 지끈을 반시계 방향으로 돌려 감아 모양을 잡아주고

31___ 안쪽으로 밀어 넣어주세요.

32___ 사진과 같이 모양이 잡혔는지 확인해주세요.

33___ TIP) 모양이 부자연스럽다면 뾰족한 도구를 이용해 모양을 잡아주세요.

34___ 구 오브제가 완성되었습니다.

coiling lesson
25

호리병

〔 재료 〕

지끈(4mm), 가위, 돗바늘(7cm), 램스울 실(자주색, 아이보리색, 하늘색, 남색)

〔 완성 사이즈 〕

밑지름 4cm, 높이 13cm

○ 모양 만들기

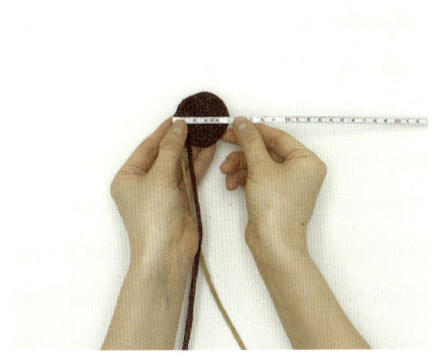

01___ 심화 코일링 모양 만들기(105~111p)를 참고해 5cm 크기의 심화 코일링 작업을 진행해주세요.

02___ 지끈에 실을 5회 감으면서 내려오세요.

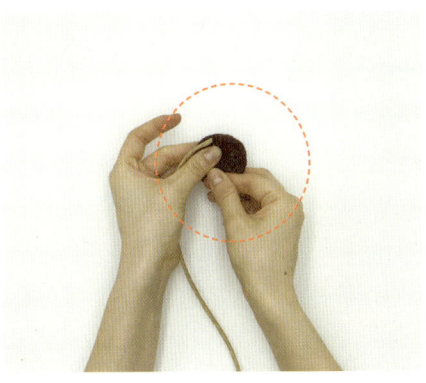

03___ 지끈을 바깥쪽으로 살짝 펼쳐지게 겹쳐 잡고 아랫단에 바늘을 넣고 실을 빼내주세요.

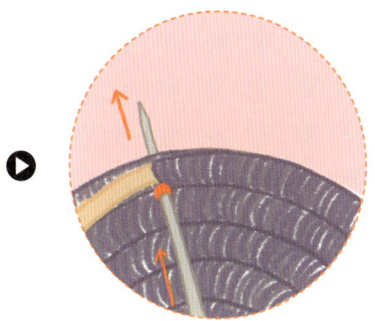

04___ 과정 2~3을 반복해 단을 위로 쌓아 올리며 심화 코일링 작업을 진행해주세요.

05___ 4cm 정도의 높이가 되면 심화 코일링 실 교체하기(112~114p)를 참고해 실 색상을 교체해주세요.

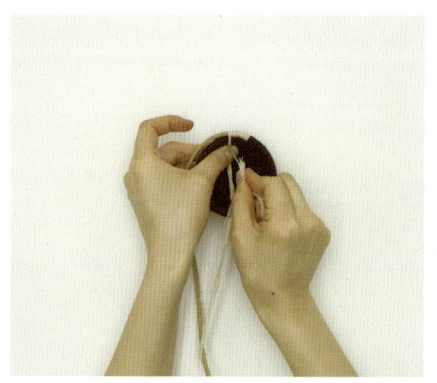

06___ 실 색상을 교체해 과정 2~3을 반복해주세요.

07___ 윗지름이 8cm 정도의 크기가 되면 안쪽으로 오므리며 작업을 진행해주세요.

08 ___ 지끈에 실을 5회 감으면서 내려오세요. 지끈을 살짝 안으로 오므려 모양을 잡은 뒤

09 ___ 아랫단에 바늘을 넣고 실을 빼내주세요.

10 ___ 사진처럼 안쪽으로 조금씩 오므려진 모양을 잡아 작업을 진행해주세요.

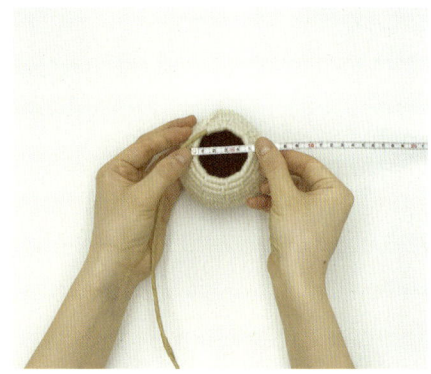

11 ___ 윗지름이 5cm 정도의 크기가 되면 실 색상을 교체하고 호리병 입구를 만들어볼게요.

12 ___ 사진과 같은 모양인지 확인해주세요.

13 ___ 심화 코일링 실 교체하기(112~114p)를 참고해 실 색상을 교체하고 아랫단 지끈과 일자로 겹쳐지게 단을 쌓아 올려주세요.

14 ___ 일자로 단을 쌓아 올리며 심화 코일링 작업을 반복해주세요.

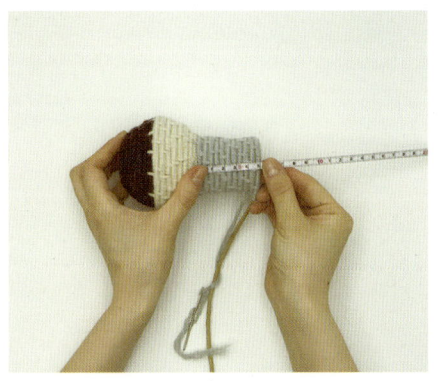

15 ___ 입구의 높이가 5cm 정도가 되면 실 색상을 교체해볼게요.

16___ 심화 코일링 실 교체하기(112~114p)를 참고해 실 색상을 교체하고

17___ 마지막 한 단을 올려 작업을 마무리합니다.

○ 마무리하기

18___ 여유 길이를 살짝 두고 지끈을 사선으로 잘라주세요.

19___ 잘라낸 지끈이 보이지 않을 때까지 아랫단에 바늘을 넣고 실을 빼내주세요.

20___ 입구 바깥쪽에서 마무리 작업을 진행할게요.

21___ 심화 코일링 마무리하기(115~117p)를 참고해 실을 매듭짓고 남는 실은 끊어주세요.

22____ 바깥에서 보이는 매듭은 뾰족한 도구를 이용해 안쪽으로 밀어 넣어주세요.

23____ 호리병이 완성되었습니다.

coiling lesson
26

오브제 모빌

〔 재료 〕
목봉 또는 나뭇가지, 램스울 실(흰색, 파란색, 민트색, 남색, 갈색, 베이지색, 회색, 하늘색, 인디핑크색, 핑크색, 아이보리 화이트 혼합색), 가위, 돗바늘(7cm), 지끈(4mm)

〔 완성 사이즈 〕
구 오브제 지름 4cm, 심화 코일링 오브제 지름 3~4cm

○ 가지에 실 연결하기

01___ 오브제와 어울릴 나뭇가지(또는 목봉)를 준비해주세요.

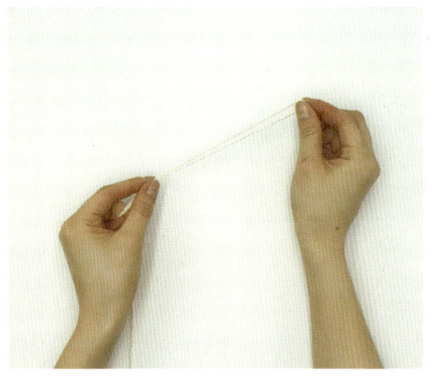

02___ 오브제를 연결할 때 필요한 실을 80~90cm로 길게 풀어 2겹으로 겹쳐 끊어주세요.

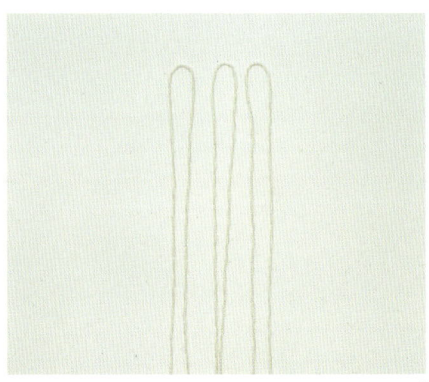

03___ 같은 방법으로 실 세 가닥을 길게 끊어 준비해주세요.

04___ 나뭇가지 위에 실 한 가닥의 고리를 올려주세요.

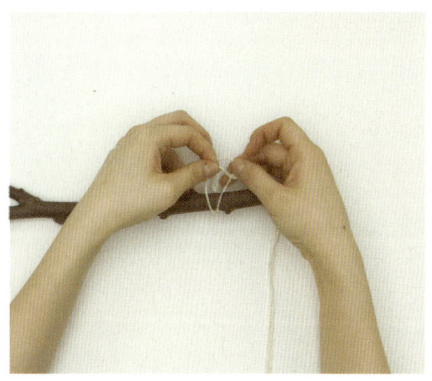

05____ 나뭇가지 뒤로 실을 감아주세요. 고리 안으로 실을 통과시켜주세요.

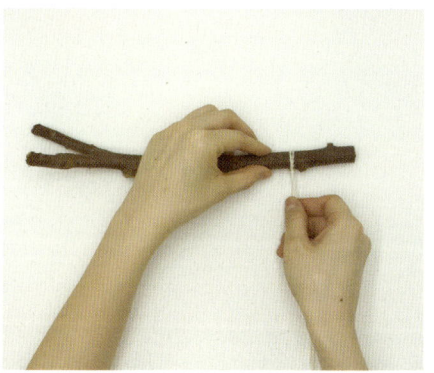

06____ 사진과 같이 가지에 실이 연결되었는지 확인해주세요.

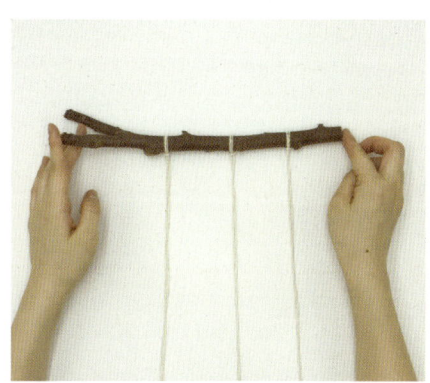

07____ 나머지 실도 과정 4~5를 반복해 나뭇가지에 연결해주세요.

○ 오브제 연결하기

08___ 심화 코일링 코스터 만들기(105~107p)를 참고해 3~4cm 크기의 심화 코일링 오브제를 7개 만들어주세요.

09___ 구 오브제 만들기(220~229p)를 참고해 4cm 크기의 구 오브제를 8개 만들어주세요.

10___ 좋아하는 색 조합으로 사진과 같이 오브제들을 배치해주세요.

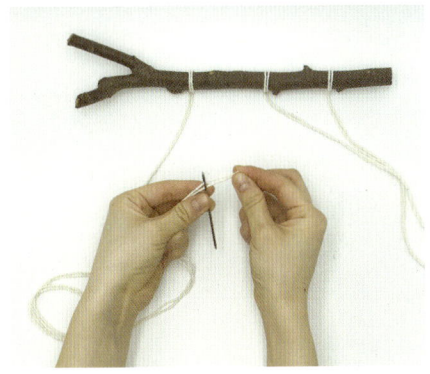

11___ 나뭇가지에 연결된 실 끝을 바늘 귀에 꿰어주세요.

12 구 오브제부터 연결을 시작해볼 게요.

13 구 오브제의 마무리 구멍을 찾아 주세요.

14 구멍 안으로 실을 꿴 바늘을 넣고

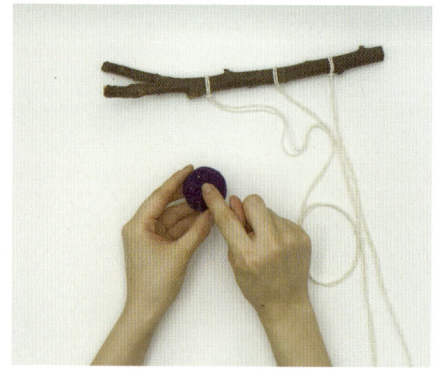

15 실을 쭉 빼내주세요.

16___ 원하는 위치에 구 오브제의 자리를 잡아주세요.

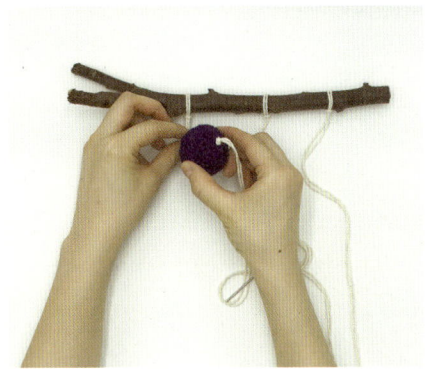

17___ 구 오브제의 아랫부분에서 실을 1회 매듭지어주세요.

18___ 다음은 심화 코일링 오브제를 연결해볼게요. 매듭이 없는 작업면을 앞으로 두고 작업을 시작해주세요.

19___ 심화 코일링 오브제의 제일 윗단에 바늘을 넣고 실을 빼내주세요.

20___ 다시 오브제의 제일 아랫단에 바늘을 넣고(뒤에서 앞) 실을 빼내주세요.

21___ 사진과 같이 연결되어야 해요.

22___ 나머지 오브제들도 과정 16~20을 참고해 연결해주세요.

23___ 마지막 오브제가 심화 코일링 오브제일 경우에는 매듭을 짓지 않아요. 구 오브제일 경우에만 매듭을 지어주세요.

24___ 모든 오브제가 연결되었다면 작업을 마무리합니다.

○ 마무리하기

25___ 오브제 모빌 하단의 실 길이를 동일하게 맞춰주세요.

26___ 벽에 걸 수 있도록 가지의 양 끝에 실을 묶어주세요.

27__ 실을 길게 풀어 끊고, 가지의 양쪽 끝에 2회 매듭지어 꽉 묶어주세요. 남는 실은 끊어주세요.

28__ 오브제 모빌이 완성되었습니다.

coiling lesson
27

오브제 리스

―――――――――――――――――   ―――――――――――――――――

〔 재료 〕

리스 틀(지름 20cm), 지끈(4mm), 가위, 돗바늘(7cm), 램스울 실(녹색, 진녹색, 베이지색, 갈색, 흰색, 카키색)

〔 완성 사이즈 〕

가로 25cm, 세로 26cm

○ 오브제 연결하기

01___ 20cm 크기의 리스 틀을 준비해 주세요.

02___ 나뭇잎 오브제 만들기(203~208p)를 참고해 리스 틀에 부착할 나뭇잎 오브제를 6개 준비해주세요.

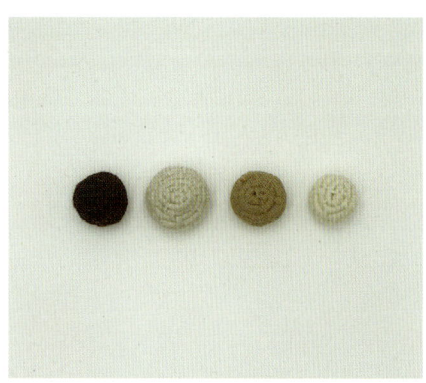

03___ 구 오브제 만들기(220~229p)를 참고해 구 오브제를 4개 준비해주세요.

04___ 리스 틀에 부착할 오브제와 같은 색상의 실을 바늘귀에 꿰어 준비해주세요.

05___ 오브제를 부착할 리스 틀 사이에 바늘을 넣고(뒤에서 앞) 실을 빼내 주세요.

06___ 나뭇잎 오브제를 리스 틀 위에 올려 위치를 잡아주세요.

07___ 리스 틀 사이로 넣은 바늘을 나뭇잎 오브제 틈으로 넣고 실을 빼내주세요.

08___ 다시 바늘을 넣고(앞에서 뒤) 실을 빼내주세요.

09___ 리스 틀 뒤에서 실 두 가닥이 만나게 돼요.

10___ 리스 틀을 뒤집어 두 실을 2회 매듭지어주세요.

11___ 매듭을 짓고 남는 실은 끊어주세요.

12___ 오브제가 확실히 고정될 수 있도록 오브제 1개당 두 곳에 작업을 반복해주세요.

13____ 과정 4~12를 참고해 두 번째 나뭇잎 오브제도 고정시켜주세요.

14____ 오브제와 색상을 맞춰 바늘귀에 실을 꿰어주고

15____ 과정 4~12를 참고해 세 번째 오브제도 고정시켜주세요.

16____ 네 번째 오브제도 자리를 잡아 고정시켜주세요.

17___ 다섯 번째 오브제도 자리를 잡아 고정시켜주세요.

18___ 여섯 번째 오브제도 자리를 잡아 고정시켜주세요.

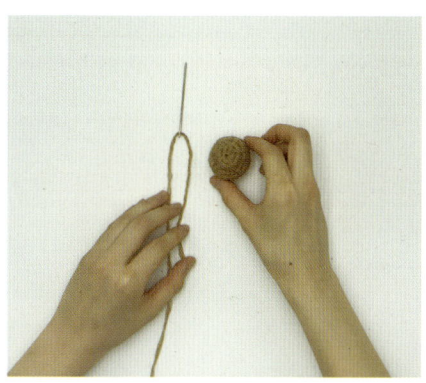

19___ 구 오브제와 같은 색의 실을 바늘귀에 꿰어 준비해주세요.

20___ 구 오브제의 아랫단 틈 사이로 바늘을 넣고 실을 빼내주세요.

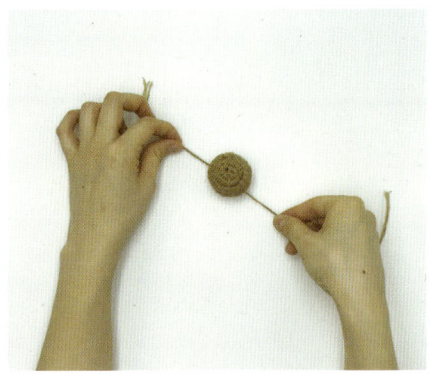

21___ 사진과 같이 구 오브제 사이로 실이 끼워지게 한 뒤 적당한 길이에서 양쪽 실을 끊어주세요.

22___ 구 오브제를 부착할 자리를 잡아주고

23___ 리스 틀을 뒤집어서 실을 2회 매듭지어주세요.

24___ 남는 실은 끊어주세요.

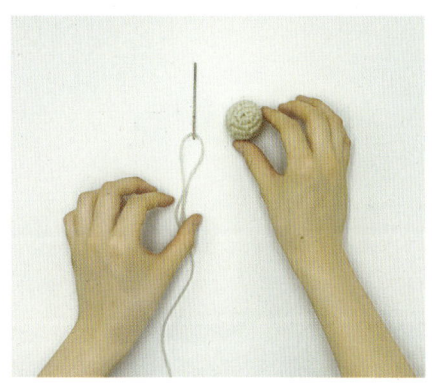

25___ 두 번째 구 오브제도 같은 색상의 실을 바늘귀에 꿰어주고

26___ 리스 틀에 고정시켜주세요.

27___ 세 번째, 네 번째 구 오브제도 같은 방법으로 리스 틀에 고정시켜주세요.

28___ 오브제 리스가 완성되었습니다.

first. coiling. lesson

**처음 만나는
코일링**

1판 1쇄 인쇄 2020년 4월 29일
1판 1쇄 발행 2020년 5월 12일

지은이 원하라
사진 홍지은
일러스트 안다연

발행인 양원석
책임편집 차선화
디자인 여만엽
영업마케팅 양정길, 강효경

펴낸곳 ㈜알에이치코리아
주소 서울시 금천구 가산디지털2로 53, 20층 (가산동, 한라시그마밸리)
편집문의 02-6443-8861 **도서문의** 02-6443-8800
홈페이지 http://rhk.co.kr
등록 2004년 1월 15일 제2-3726호

ISBN 978-89-255-3238-7 13630

- 이 책은 ㈜알에이치코리아가 저작권자와의 계약에 따라 발행한 것이므로
  본사의 서면 허락 없이는 어떠한 형태나 수단으로도 이 책의 내용을 이용하지 못합니다.
- 잘못된 책은 구입하신 서점에서 바꾸어 드립니다.
- 책값은 뒤표지에 있습니다.